रेत के टीले

रेत के टीले

प्रीतम अरोड़ा

KALPAZ

रेत के टीले

रुपये 360

ISBN: 978-81-7835-739-3

प्रकाशन वर्ष 2009
कल्पज़ पब्लिकेशन्स
सी-30, सत्यवती नगर, दिल्ली-110052
ई-मेल: kalpaz@hotmail.com
9212729499
अक्षर मुद्रांकन: क्विक मीडिया, दिल्ली
जी प्रिन्ट प्रोसेस, दिल्ली

विषय-सूची

"प्रस्तावना"

उनका 55 वर्ष का साथ अपने पूरे उतार-चढ़ाव तथा दुःख-सुख बाँटने की कहानी एक दूसरे को पत्रों द्वारा भेजे गए संदेशों के चारों ओर घूमती है। जो कि ऐतिहासिक प्रेमियों की कहानियों से अधिक दिलकश है।

वह प्रेमी जो जीवन भर सामाजिक बंधनों में बँधे हुए, जीवन भर संघर्ष करते रहे किन्तु एक दूसरे को प्राप्त न कर सके और यौवन की उन्मुक्त बेला में बर्बाद हो गए, पुनर्जन्म में मिलने की अभिलाषा लेकर मृत्यु को गले लगा बैठे–अगले जन्म में जब समाज का कोई बंधन उन्हें मिलने से रोक नहीं सकेगा।

हीर-रांझा, लैला-मजनूँ, शीरी-फरहाद, सोहनी-महीवाल, सस्सी-पुन्नू–अपने वास्तविक जीवन में एक न हो सके, अपने-अपने परिवारों की झूठी शानों-शौकत एवं अहं के मारे हुए। यहाँ तक की जब हीर-रांझा घर से भाग गए और निकाह पढ़ाने के लिए मस्जिद में पहुँचे और काज़ी ने हीर से पूछा कि तुम रांझे को कब से जानती हो तो उसने उत्तर दिया–

"रब्ब ने तो दिलों के निकाह कर दिए हैं, काजी।
इसमें तुम क्या कर सकते हो?
मेरा और रांझें का तो प्यार तब से है,
जब से साहेब नें इस खलकत की रचना की थी।"

इन सभी प्रेमियों के साथ भेद-भाव होते रहे कभी सामाजिक स्तर का विभेद, कभी धोखा, कभी अपने भाई को बचाने के लिए प्रेमी से बेहतर मानने का अहसास, उसके शस्त्रों को पेड़ पर टाँग देना। वह सब इन्सानी कमज़ोरियों का शिकार हो गए। जंजीरों को तोड़ नहीं पाए और इतिहास के कुछ पन्नों में सिमट कर ही रह गए।

सूरज और रूपा ने अपनी प्रीत को सभी प्रकार के बंधनों और कष्टों से बचाकर अपने पल्लू में संभाल लिया। हर प्रकार की मुसीबतों को हिम्मत के साथ झेला और रोना-धोना छोड़कर साहस के साथ एक-दूसरे का साथ दिया। किन्तु जब वह जीवन की सभी जिम्मेदारियाँ पूरी करके केवल अपने लिए ही जीना चाहते थे, बचे हुए कुछ पल खुशी-खुशी बिताना चाहते थे, बेदर्द किस्मत ने उन्हें धोखा दे दिया।

हाय! सूरज दूर भाग गया, हावड़ा मेल में बैठकर और रोती हुई रूपा को तूफान मेल में बिठाकर छोड़ गया। यह जिन्दगी की दुखभरी बेरहम घड़ी थी। पता नहीं वह कब रूपा को स्टेशन पर लेने आएगा, ताकि तूफान मेल को हमेशा के लिए अलविदा कह सकें।

इस उपन्यास का अधिकतर भाग एक-दूसरे को लिखे हुए पत्रों द्वारा परिलक्षित होता है। ई-मेल एवं मोबाइल के युग में, जब कि प्रेमियों को पूरी आज़ादी है, आपस में मिलने की, बात करने की, अक्षरों की ताकत केवल S.M.S. द्वारा संदेश भेजने तक ही सीमित हो गई है। पत्र लिखने और प्राप्त करने की व्याकुलता समाप्त हो रही है अपने प्रेम को प्रकट करने का साधन दूसरे लोगों द्वारा बनाई हुई धुनों पर नाचने और दूसरों के लिखे हुए गीतों के शब्दों द्वारा ही समझा दिया जाता है।

गहन एवं गंभीर प्रेम-प्यार का इज़हार केवल लिखकर ही बताया जा सकता है। वह अक्षर जो सीधे तुम्हारे हृदय से निकले हों, वह अक्षर जो तुम्हारे अपने महसूस किए हुए प्यार को, विरह वेदना को, तुम्हारे अहसासों को बता सकें।

इस उपन्यास में न केवल प्रीत-प्यार के आकर्षण का वर्णन है प्रत्युत उस समय के जीवन के और भी बहुत से पहलुओं को छूआ गया है। देश में शिक्षा की स्थिति, दहेज की समस्या, स्वास्थ्य सम्बन्धी जानकारी, गाँव और शहर का जीवन और उस समय के डाक विभाग की दक्षतापूर्ण सेवाएँ, ठीक तीसरे दिन पत्र पहुँच जाना और दिन में दो बार। कूरियर सिस्टम ने तो डाक विभाग की विश्वसनीयता पर ही

प्रश्न चिन्ह लगा दिए हैं। औद्योगिक प्रसार का पारिवारिक जीवन पर प्रभाव–

देश के औद्योगिक विकास और अन्य योजनाओं को क्रियान्वित करने के लिए जमीन का अधिग्रहण एवं विस्थापितों की पीड़ा–

कुछ साहित्यकार हमारी भाषा-बोली की आलोचना करते हैं। कहते हैं, कविता, कहानी लिखते समय छन्द, अनुप्रास की अवहेलना करती हो। अपना साहित्य चलती फिरती भाषा में लिख रही हो–

किन्तु यही तो नौजवानों की भाषा होती है। वैसे भी पंजाब के पढ़े लिखे नौजवान भाषा की कलिष्ट एवं दुरूह बोली का प्रयोग करना तो जानते ही नहीं। वह तो कोर्स की किताबों में ही मिलती है। जिसकी आलोचना, समालोचना एवं व्याख्या करने में सिर खपाना पड़ता है–बड़े-बड़े लेखकों की रचनाओं की चीर-फाड़ करनी पड़ती है। तभी पास होने लायक अंक मिलते हैं।

मेरा लेखन तो हमेशा मध्यम वर्ग के जीवन को परिलक्षित करता है, नानक, कबीर, रहीम के ही आस-पास रहता है, अतः एवं उन्हीं की भाषा, शैली में लिखा गया है–मेरा अपना तो इसमें कुछ भी नहीं, यह तो पात्रों के जीवन की सुख-दुख, आशा-निराशा, छोटी-छोटी आकांक्षाओं की कहानी है और उन्हीं के लिए लिखी गई है–.........

आशा है–पाठक इसे उसी भावना से लेंगे और प्रेम-प्रीत के सागर में डुबकी लगाकर कुछ ढूँढ़ लेंगे तो समझ लेना–मेरा प्रयास सफल है।

प्रीतम अरोड़ा

1

क्या था उन आँखों में?

क्या था उन आँखों में? जीवन का स्नेहयुक्त प्रकाश, एक उत्सुकता, जीने की तमन्ना, कोमल विचारों का अहसास, स्वस्थ होने की अभिलाषा, घर जाने का विश्वास, अपने बच्चों के बीच में बैठकर हँसने की चाह, अपनी पत्नि का साथ जो 55 वर्ष पहले उसके जीवन में आई थी, उन्हें लगता था यह सब कल की ही बात थी।

वह तो नित्य ही कहता था–यह लोग मुझे मार डालेंगे। मेरे बच्चों से कहो, मुझे इस पिंजरे से बाहर निकालें–यह थी एक दुखी आत्मा की आवाज़। सूरज अस्पताल के परिवेश से घबरा गया था।–किन्तु डाक्टर कहते थे हम तो तभी छुट्टी देंगे–जब यह बिलकुल ठीक हो जाएगा यदि आप अपनी जिम्मेवारी पर ले जाना चाहते हो तो लिखकर दो।

रूपा ने कई बार उठने का प्रयत्न किया, वह पास जाकर जानना चाहती थी–यह आँखे क्या कह रही हैं? किन्तु डाक्टरों और नर्सों की टीम ने, जो सांसों को वापिस लाने की व्यवस्था कर रहे थे, उसे डांट दिया और कहा कि हम तुम्हें बाहर भेज देंगे, कमरे के एक कोने में बैठी हुई रूपा अपने सूरज को डूबता हुआ देख रही थी। उसके दर्द को बाँटना चाहती थी, उसकी वेदना को उसका हाथ पकड़कर कम करना चाहती थी किन्तु किस्मत में तो कुछ और ही लिखा था।

यदि वह घर में होता तो हो सकता है जीवन के अंतिम क्षणों में कुछ बात कर सकता, हो सकता है, अंतिम यात्रा पर जाने से पहले इतनी पीड़ा और दुख न होता अपने आप को इतना निरीह और बेबस न समझता। वह तो उन डाक्टरों की ओर आशा भरी नजरों से देख

रही थी जो सूरज के फेफड़ों और हृदय पर धक्के मार-मार कर उसे वापिस लाने का प्रयत्न कर रहे थे। किन्तु रूपा को लग रहा था। उसका कत्ल किया जा रहा है, एक बेबस इन्सान की हत्या हो रही है। उसकी आशा और विश्वास के साथ खिलवाड़ किया जा रहा है।

वह तो रोज़ ही आते थे, सुबह-सुबह राउन्ड लेने, पूरी टीम प्रयोगशाला से आई हुई रिपोर्ट देखती, आपस में विचार-विमर्श करते-रक्त का कोई न कोई अंश ऊपर नीचे होता रहता। एक को कम करने के लिए दवाई अथवा इन्जेक्शन देते तो दूसरा अंश बढ़ जाता। पूरा शरीर महँगी दवाइयों, हाई पोटैंसी के ऐंटीबायोटिक, भोजन के स्थान पर महँगे सपलीमेंट पर निर्भर था। ऐसा लगता था उसके आस-पास ब्लड यूरीया, करैंटनिन पोटैशियम, कैल्शियम, सोडियम एवं बहुत सारे दूसरे अणुकण घूम रहे हैं और उन झंझावातों के बीच सूरज की जिंदगी उलझ कर रह गई है और वह आराम की एक सांस लेने के लिए तड़प रहा है।

डॉक्टरों की फीस का मीटर तो कमरे में प्रवेश करते ही शुरू हो जाता था। चाहे वह मरीज का हाथ-पकड़कर एकबार छूकर देख ले अथवा मरीज और उसके परिवार के सदस्यों की ओर एक बार मुस्कराकर, देखकर, कह दें कि दवाई असर कर रही है। बस बहुत जल्दी ठीक हो जाएँगे और जाने से पहले एक और टेस्ट लिखकर चले जाते। सुबह-सुबह खाली पेट रक्त से छोटी-छोटी शीशियाँ भरकर ले जाते-रक्त की पूँजी घट रही थी, जिसे पूरा करने के लिए किसी और का दिया हुआ रक्त चढ़ा दिया जाता। बच्चों को उसकी भरपाई करनी पड़ती। अस्पतालों में परिवार जीवन भर की कमाई इस आशा में लगा देते हैं कि उनके प्रियजन वहाँ से स्वस्थ होकर निकलेंगे और बाहर आकर सिंलिडरों से निकली हुई ऑक्सीजन के स्थान पर खुली हवा में सांस ले सकेंगे। हाय! वह उस पिंजरे से बाहर न निकल सका और बच्चे उसे घर ले जाने का खतरा मोल न ले सके-इसी आशा से कि वह जरूर स्वस्थ हो जाएगा।

चार दिन पहले उसने I.C.U. से लिखकर भेजा-"परमात्मा महान

है" उसके जाने के बाद भी लोगों ने कहा–"परमात्मा की यही इच्छा थी कि उसका अंत इस प्रकार होता" सत्य तो यह है कि परमात्मा के साथ किसी का कोई सीधा सम्बन्ध नहीं होता परन्तु प्रत्येक उसकी शक्ति के आगे झुक जाता है, हथियार डाल देता है–कोई नहीं जानता कि वह कहाँ रहता है–कहाँ से वह किसको संदेश भेजता है कि अमुक व्यक्ति को ले आओ और अमुक को ले जाकर संसार में छोड़ आओ।

सूरज जिन्हें छोड़ गया है, वह भी अपनी-अपनी किस्मत के साथ संघर्ष करते हुए जीवन बिता ही लेंगे। उसने भी तो अंत में उसी अव्यक्त एवं असीम शक्ति के सामने समर्पण कर दिया है, एक दुखी इन्सान अंत में मान ही जाता है कि परमात्मा महान् है। जब उसकी हिम्मत हार जाती है बचने की आशा समाप्त हो जाती है। वह और कुछ कर भी नहीं सकता।

वह घर आ गया है डाक्टरों ने कहा था–हम उसे कल छुट्टी दे देंगे अब वह बिल्कुल ठीक है। उन्होंने सोचा भी नहीं होगा। अब किसी उपचार की आवश्यकता नहीं–वह तो मिट्टी के रूप में उसी महान् हस्ती से मिलने जा रहा है–नहीं, नहीं, मिट्टी तो यहीं पर रह जाएगी–उसने तो उसी समय मुलाकात कर ली थी, जैसे ही उसकी आत्मा शरीर को छोड़कर दूर उड़ गई यहाँ पर तो खाली शरीर पड़ा हुआ है–आँखों में कोई हरकत नहीं, शरीर में रक्त-संचार समाप्त हो गया है। हाथ-पैर हिलने बंद हो गए हैं–जीवन की सभी आवश्यकताएँ समाप्त हो गई हैं। ना भूख, ना प्यास चारों ओर दर्द भरी निस्तब्धता, ठंड और अंधेरा।

अब तो उन लोगों का शरीर पर अधिकार है, जो स्वर्ग में भेजने का रास्ता जानते हैं। उन्हीं को सामाजिक परम्पराओं ने लाइसेंस दे रखा है जो आत्मा की पूर्ण शांति के लिए उसे वहाँ भेज दें। वहाँ भेजने की टिकट भी काफी महँगी है–वह तो संस्कृत के कुछ श्लोक सुनाकर, जिसे वह शरीर न सुन सकता है, न समझ सकता है। लकड़ियों के ढेर

पर कुछ सुगन्धित सामग्री जलाकर अग्नि रथ पर चढ़ा देते हैं और उसका सफ़र शुरू हो जाता है, आत्मा का अनन्त से मिलन। एक व्यवस्था, संसार को अलविदा कहने की। एक व्यक्ति जो कभी प्यार-प्रेम का अंतहीन स्त्रोत था। शक्ति और विश्वास का प्रतिरूप ऊँचे व्यक्तित्व का स्वामी, ममता और वात्सल्य का संदेश-वाहक। संपूर्ण संसार की खुशियाँ देनेवाला एक महान् साथी, मिट्टी की एक मुट्ठी बन जाता है। उस मिट्टी को गंगा में प्रवाहित कर दिया जाता है। उसे परम पिता परमात्मा की इच्छानुसार उसी पंचतत्त्व में मिला दिया जाता है जहाँ से उसे कभी भेजा गया था, गंगा की लहरों के साथ बहकर उसकी मिट्टी सागर में समा जाती है। जहाँ पर बिना किसी जाति भेद, सामाजिक विभेद एवं देश काल की सीमाओं से परे इन्सानी सभ्यता के दायरे से बाहर, सभी की मिट्टी एकाकार हो जाती है।

जो भी सगे सम्बन्धी उसके आखिरी सफ़र के समय अलविदा कहने आए थे दुखी दिल लेकर वापिस आ जाते हैं। और उतने समय तक याद कर लेते हैं जितना उनके साथ सम्बन्ध होता है। मृत्यु के पश्चात जो भी संस्कार करवाए जाते हैं। उन्हीं की तसल्ली के लिए होते हैं, जिन्हें वह पीछे छोड़ गया है। वह तो कभी भी वापिस नहीं आएगा। बस उसकी याद ही रह जाएगी। उसका महान् व्यक्तित्व, जीवन की जीत और हार के लम्हे, उसके गुण, अवगुण, उसके प्यार की गहराइयाँ, उसके उन्मुक्त हास, उदासी के कुछ क्षण-जीवन की प्रत्येक परिस्थिति से संघर्ष करने की कहानियाँ, सब मिलकर बन जाएँगे-कुछ यादें, कुछ आँसू, जो जीवन भर सूख नहीं पाएँगें।

2

साधारण ज्वर और बार-बार के प्रयोग

7 जनवरी, 2007–सूरज ने दो दाँत निकलवाए थे उसके बाद बुखार हो गया। डाक्टर को दिखाया तो उसने क्रॉसिन और कुछ विटामिन लेने के लिए कहा, बुखार चलता ही रहा 99° और 100° के बीच–18 जनवरी को रूटीन चेकअप के लिए एक बड़े अस्पताल में गए उसने 23 को रिपोर्ट ले जाने के लिए कहा, बुखार तब भी चल रहा था। कमजोरी भी थी, रिपोर्ट देकर डॉक्टर ने कहा यूरिक एसिड और (करैन्टनीन बढ़ा हुआ है 14.3 और 3.6 इन्हें अभी दाखिल कर दो, नहीं तो जीवन के केवल आठ दिन ही बचे हैं–सब लोग हैरान रह गए। कुछ सोचने का समय ही नहीं था–वहाँ से घर भी वापिस न आ सके। उसे तो कभी कोई बड़ी बीमारी नहीं थी, न हि ब्लड प्रेशर, न ही हॉर्ट प्राब्लम न ही शूगर, हाईपरटेंशन अथवा किडनी की कोई प्राब्लम–यह अचानक क्या हो गया? वह तो बस पिछले दस वर्ष से सोने से पहले यूरीमैक्स की एक गोली लेता था, प्रोस्टेट के लिए। कभी-कभी खांसी जुकाम के लिए कफ सिरप अथवा मौसम के बुखार के लिए क्रॉसिन आदि।

23 जनवरी, 2007 को उसी समय घर से पैसे मँगवाकर दाखिल कर दिया–उसके बाद न उसे कोई डाक्टर देखने आया, न ही कुछ खाने को दिया गया। बस पहियों वाली कुर्सी पर बिठाकर अलग-अलग कमरों में लेकर जाते रहे। एक्स रे, एम आर आई, ईको, ईसीजी और अल्ट्रा साउंड वगैरह। कुछ खाने को देने के लिए पूछा तो कहा कि सब टेस्ट होने के पश्चात् जो भी हॉस्पीटल की डाईटीशियन भेजेगी वही देना है। पानी के लिए शोर मचाया कि डी-हाईड्रेशन हो जाएगी

तो थोड़ा पानी पिला दिया गया, सभी सम्बन्धित विभागों में खबर बड़े आराम से पहुँची–बताया गया कि जब तक रिपोर्ट नहीं आती उसकी बीमारी के बारे में पता नहीं लगेगा, उसके बाद ही हम इलाज शुरू करेंगे और रिपोर्ट कल शाम तक आएगी।

रोज देनेवाली यूरीमैक्स देने से भी मना कर दिया। हमारा विचार है कुछ दवाइयाँ और इन्जेक्शन तो इस प्रकार के होते हैं जो उसी समय ज़िन्दगी को बचा सकते हैं, कुछ सहारा दे सकते हैं। शाम को ज्यादा शोर मचाने के बाद ग्लूकोस चढ़ा दिया गया।

दो दिनों के अंदर हालत बहुत खराब हो गई, बुखार के कारण पहले ही काफी कमज़ोरी थी। वह समझ नहीं सका क्या हो गया है। उसे अस्पताल में क्यों डाला हुआ है–वह घर जाना चाहता था–पर अब तो वह डाक्टरों की मेहरबानी पर था। 25/01/07 की सुबह तक सारी रिपोर्ट्स, पहुँची बोनमैरो की रिपोर्ट आई। कहा मल्टीपल माइलोमा है जिसमें 48% प्लाज़मा सेल हैं–बताया गया बाकी सब रिपोर्ट ठीक हैं। किसी किस्म की कोई बीमारी नहीं, बोन कैंसर शुरू हो रही है, जल्दी ठीक हो जाएगा इतनी देर में हालत ज्यादा खराब हो गई। उपचार तो अभी शुरू ही नहीं हुआ था। वह ठीक से बोल नहीं सका, सबकी पहचान भूल गया। बेड से उतरकर घर जाने के लिए भागने लगा उसे एमरजेंसी वार्ड में ले गए। पूरे दिन में दो बार 15 मिनट के लिए देखने की इजाज़त थी। हम सबके हिस्से में 1, 2 मिनट ही आते थे उसके कमज़ोर शरीर को कई प्रकार की ट्यूबों में बँधा हुआ देखकर रोना आता था। वह किसी को पहचानता नहीं था, बच्चों को, पत्नि को, रिश्तेदारों को, सबके नाम भूल गया, होश में होते हुए भी इस संसार में नहीं था। बताया कि आस-पास जितने मरीज़ हैं। सबके सब मर चुके हैं डाक्टरों ने उनके अंदर मशीने लगा रखी हैं। फिर बताया, कल किसी का नाना मर गया था तो नर्सों ने खूब भांगड़ा किया। यह अच्छी बात नहीं, मरना हमेशा दुख की बात है। चाहे कोई सौ बरस का होकर मरे।

आई सी यू से पाँच दिन बाद बाहर आया अब वह सबको पहचानता था। बच्चों के नाम याद थे। वह तो दिन रात वहीं रहते थे, जब भी दवाई के लिए पर्ची आती-खरीदकर फटाफट अंदर भेज देते। रूपा को तो कहीं भी चैन नहीं था–एक-एक मिनट के बाद वह एक नई मृत्यु का वरण करती थी। 15 मिनट की मुलाकात के समय 2, 3 बार अंदर जाती और रोकर वापिस आ जाती। होश आने के बाद पूछा–मैं कौन हूँ? उत्तर मिला–"तुम तो मेरी सब कुछ हो।" उम्मीद की किरण जाग पड़ी लगा, एक नया सवेरा हो गया है। जीने की तमन्ना अंगड़ाई लेने लगी, फिर से अपने साथी को वापिस पा लेने का सुखद अहसास, बच्चों की आँखों में चमक आ गई अपने जीवनदाता को अपने बीच में बैठाकर हँसने की तमन्ना जागृत हो गई।

आई. सी. यू. में उसे स्टीरॉयड दिए गए, दो खून की बोतले चढ़ाई, और तीन बार डाइलिसिस किया गया और 3/2/07 को छुट्टी दे दी गई। कहा गया केमोथेरॉपी कुछ दिन बाद शुरू करेंगे। कुछ ताकत वाली दवाइयाँ अर्थात् ऐमलौंग, पोटक्लोर, आरकामिन, कौटीफ्लो, बीकासोल, पैंटोसिडि और एंकसिड लेने के लिए पर्ची लिख दी गई। ज्यादा पानी पीने के लिए कहा गया।

उसके पश्चात 9/2/07 को दो महीने के लिए डेकटैक और थैलेक्स देने के लिए कहा, पर 1½महीने के बाद खून गाढ़ा हो गया। कमजोरी बहुत बढ़ गई, मुँह का स्वाद खराब हो गया, शरीर की चमड़ी फट गई, पैरों में सूजन आ गई दवाई रोक दी गई और 15 दिन के लिए एसीट्रोन लेने के लिए कहा 4 दिन बाद ही खून पतला हो गया। वह भी रोक दी गई उसके बाद विटामिन वगैरह लेते रहे।

दवाई बंद करने के बाद अर्थात् मार्च समाप्त होने पर वह आराम से चल फिर रहा था–खुश भी था। खाना भी ठीक से खा रहा था। फ्लैट में उतरने, चढ़ने में जरूर थोड़ी थकान होती थी, किन्तु लगता था उमर के कारण कमज़ोरी है। मई के पहले सप्ताह–उसके बाद अगस्त के पहले सप्ताह वह बाहर घूमने गए। गाड़ी में बैठकर, प्लेटफॉर्म

पार करके, पुलों पर चढ़कर, कंधे पर छोटा बैग भी उठाया, आराम से घर वापिस आ गए। केवल विटामिन, जूस, सूप वगैरह लेते रहे, बाकी सब दवाइयाँ छोड़ दी।

22, 23, 24 अगस्त को बुखार हो गया ठंड लगने के बाद 104° तक हो गया। चेकअप के लिए 25/8/07 को लेकर गए तो डाक्टरों ने ऑब्जरवेशन के लिए 30/8/07 तक वहीं रख लिया। कहा गया, मलेरिया है और कुछ नहीं वह ठीक होकर घर आ गया।

डाक्टरों ने फिर कहा–मल्टीपल माइलोमा का इलाज होना बहुत जरूरी है, इस ओर से लापरवाह नहीं होना चाहिए। उनसे कहा गया–एक बार फिर बोनमैरो टेस्ट ले लीजिए। शायद गलती हो गई हो डायगनोज में, उन्होंने कहा–दूसरे टेस्टों से भी पता लग जाता है, अभी तक ठीक नहीं हुआ। बीमारी के कीड़े अभी भी खून में है।

30/8/07 को छुट्टी करने से पहले उन्हें ऐफीकोरमिन के तीन इन्जेक्शन दिए गए-दो इन्जेक्शन कैलसीट्रोन के दिए गए और डैक्सोना थेरेपी शुरू कर दी। 31/8/07 से 10 ग्राम वाईसोलोन दी गई। 6 दिन बाद तो वह बाथरूम तक भी न जा सके खड़े भी न हो सके।

हाथ काँपने लगे चलना फिरना बंद हो गया, कमज़ोरी बढ़ गई पीठ में दर्द होने लगा पर इन दिनों बुखार नहीं हुआ। ब्लड प्रेशर भी ठीक था। भूख भी लगती थी पेशाब, टट्टी वगैरह सब ठीक था, पर टेस्ट बराबर होते रहे। 6 दिन बाद वाईसोलोन को 5 ग्राम पर लाकर बंद कर दिया गया अब फिर सेहत ठीक होने लगी। घर आकर भी वह ठीक था, खुश था, डॉक्टर ने उसके बाद 18/9/07, 25/9/07 और 2/10/07 को 3 इन्जेक्शन बोरटीजोनब 1½mg के और एपेरेक्स 40000 mg दिए। उसका तो बहुत ही बुरा रीएक्शन हुआ–कमज़ोरी, थकान, पूरे शरीर में दर्द, लूजमोशन, चमड़ी काली हो गई पूरा शरीर जलने लगा हाथ काँपने लगे 13/10/07 से 19/10/07 तक फिर अस्पताल में भर्ती होना पड़ा। वहाँ पर मोनोफिकसेशन, और तीन बोतलें खून की चढ़ाई गई, 750

सोलूमैडरिल को 500 ग्राम सोडीयम क्लोराइड में मिलाकर दिया गया।

19/10/07 के बाद फिर डेक्सोना, शुरू किया गया पर 28/10/07 तक खाने की नली में छाले हो गए। पानी पीने में भी कष्ट होने लगा जैसे कि अंदर से पूरी नली जल गई हो। उसके बाद दवाई बंद करके सोलूमैडरल के इन्जेक्शन शुरू किए 20/11/07 से 4 दिन के लिए, फिर 2 दिन छोड़कर 4 दिन के लिए यह सब 4 बार 6/12/07 तक चला 21/10/07 से थैलेक्स भी दे रहे थे। 10/12/07 को खून की एक नाड़ी फट गई। पेशाब के साथ काफी खून आया। उसी समय अस्पताल लेकर गए एंटीबायोटिक इन्जेक्शन लगाने पर 2 घंटे में रूक गया और घर आ गए। सुबह फिर खून आया फिर अस्पताल ले गए और उन्होंने चेकअप के लिए दाखिल कर लिया। किडनी का अल्ट्रा साउंड किया गया। सब ठीक ठाक था। किडनी में कुछ नहीं निकला। रूपा सब कुछ देख रही थी, उसने डाक्टर को कहा–खून तो बाहर से आ रहा है। पेशाब के रास्ते से नहीं–तुम लोग वहाँ क्यों नहीं देखते? उसने दस्ताने डालकर देखा वहाँ कुछ नहीं था फिर उसने बाहर वाली चमड़ी को पीछे करके देखा एक पतली सी नस में से थोड़ा-थोड़ा खून आ रहा था। उसने बताया आप ठीक कहते हो–यह जल्दी रूक जाएगा चिन्ता मत करो। लगता था दवाई देने के बाद खून फिर पतला हो गया था और डाक्टर लोग खामख्वाह किडनी का अल्ट्रासाउंड कर रहे थे।

डाक्टर ने फिर कहा एक्स-रे में धुँधला-धुँधला दिख रहा है, लगता है। फेंफड़ों में पानी भर गया है। उसे फिर इमरजेंसी में ले गए। तीन दिनों की मशक्कत के बाद 800 ग्राम पानी निकाला जिसमें कोई बैक्टीरिया, कोई डैबरी नहीं थी। अंदर पता नहीं क्या-क्या कर रहे थे। सूरज बहुत दुखी था 21/12/07 को उसने नर्स के हाथ लिखकर भिजवाया, रूपा को बुलाया। वह रो रहा था। यह लोग मुझे मार डालेंगे। बच्चों को समझाओ मुझे यहाँ से बाहर निकालें। 23/12/07 को डाक्टर उसे कमरे में ले आए कहा, अब यह बिल्कुल ठीक

है–बोन कैंसर के सारे कीड़े मर गए हैं हम दो दिन के लिए ऑबजरवेशन में रखकर 25/12/07 को डिस्चार्ज कर देंगे। 25/12/07 को हम उन्हें घर ले जाने के लिए तैयार थे, फिर कहा आज क्रिसमस की छुट्टी है बहुत सारा स्टाफ छुट्टी पर है–हम कल तक और देख लेते हैं अब वह बिल्कुल ठीक है, फिक्र करने की कोई बात नहीं।

24/12/07 को सूरज ने रूपा से पूछा–पहले तो तुम बहुत अच्छा खाना बनाती थी-आजकल तुम्हें क्या हो गया है? तुम्हारे खाने में कुछ टेस्ट हीं नहीं आता, उसने कहा–कल हम लोग घर जाएँगे जो भी कहोगे–बनाऊँगी, फिर कहा–देख मेरी चमड़ी काली हो गई है–कोई बात नहीं, पार्टनर! क्रीम लगाकर सब ठीक हो जाएगी। रूपा ने प्यार से कहा–क्यों मजाक करती हो? सूरज ने हल्का-सा मुस्करा कर कहा।

25/12/07 को फिर खाने के बारे कहा–फिर बताया सिक्युरीटी वाले चेक करते हैं पर्स में बिस्कुट भी लाने नहीं देते। बस घर जाकर सब ठीक हो जाएगा। जब खाना आया तो उससे खाया न गया। अचानक ऑक्सीजन जांचने की मशीन का लेवल नीचे हो गया, वह जल्दी ही नर्सों की ओर भागी डॉक्टर को बुलाकर लाई। वह आराम से आई, उसने कहा इमरजेंसी में लेकर जाना पड़ेगा पर थोड़ी देर के बाद लेवल और कम हो गया, वहीं पर कुछ मशीनें मँगवाई गई और आधे घंटे में सब कुछ समाप्त हो गया, लगभग 2½ बजे।

हमें तो अभी भी समझ नहीं आती यह क्या बात है, जब भी दवाई देना शुरू करते हालत खराब हो जाती जब भी बंद कर देते सेहत सुधरने लगती जब फायदा ही नहीं था तो बारी-बारी से दवाइयाँ क्यों बदली गई? रूपा ने पेपर में पढ़ा था, अफ्रीका में कैंसर का इलाज क्लोरोकुईन से ही किया जाता है। उसने पूछा–आप इतनी सख्त दवाइयाँ एक 79 बरस के बीमार और कमज़ोर इंसान को क्यों दे रहे हो। उत्तर मिला–अभी रिसर्च अडवांस हो गई है यह दवाइयाँ जल्दी असर करती है कोई बात नहीं, अब वह बिल्कुल ठीक है आगे से सिर्फ परहेज के लिए हल्की दवाइयाँ देना शुरू करेंगे।

अफ़सोस वह दिन तो आया ही न, कल-कल करते-करते सब कुछ हाथ से निकल गया–किश्ती ने समुद्र की लहरों के सारे थपेड़े सह लिए पर किनारे पर आकर डूब गई।

मेरे प्यारे सूरज। रूपा के आँसू नहीं रूकते–तुम तो बहुत बढ़िया तैरना जानते थे। दिल्ली इंजीनियरिंग कॉलेज के पीछे बहती हुई यमुना नदी को एक ही सांस में पार कर जाते थे तुम्हें तो बोटिंग भी बहुत बढ़िया आती थी, फिर क्यों अंतिम क्षणों में तुम्हारी हिम्मत जवाब दे गई। तुमने तो पूरा वर्ष समुद्र की भयंकर लहरों और तूफानों का मुकाबला किया था, क्यों किनारे पर आकर रूक गए। केवल एक ही स्ट्रोक की और आवश्यकता थी जब समुद्र की लहरें अपने साथ बहाकर तुम्हें गहरे सागर की ओर धकेल कर ले गईं।

तैरना तो मुझे भी थोड़ा बहुत आता था, किन्तु मुझमें हिम्मत नहीं थी कि तुम्हारे कमज़ोर शरीर को समुद्र की बेदर्द लहरों से छीनकर वापिस ले आती, मुझे अफ़सोस है, सूरज! मैं फेल हो गई। मुझे भी उसी समय छलांग लगा देनी चाहिए थी। यदि मैं तुम्हें किनारे पर नहीं ला सकती थी तो कम से कम तुम्हारा हाथ पकड़कर तुम्हारे साथ-साथ चल पड़ती। आखिरी स.फर में इक्ट्ठे तो होते। मैं सबको छोड़कर आ सकती थी। पूरा जीवन हम इक्ट्ठे ही सब प्रकार के दुःख तकलीफों का मुकाबला करते रहे और अब तुम अकेले दूर चले गए और मैं किनारे पर खड़ी देखती रही, तुम्हारा साथ नहीं दिया–मुझे बहुत हीं दुख है।

मेरे प्यारे सूरज। मुझे तो तुम पर बहुत विश्वास था। परंतु तुम तो दूर उड़ गए हो, अकेले ही, सभी रिश्तों की बेड़ियाँ तोड़कर, इन्सानों की पहुँच से बाहर। मेरे शरीर का सारा भाग पहले ही मर चुका है और इस सारी कायनात में– कुदरत की प्रत्येक हलचल में, मैं तुम्हारे साथ-साथ सफर कर रही हूँ। मैं इस विचार से अपने आप को अलग नहीं कर सकती कि तुम मेरे पास नहीं हो।

तुम पास नहीं हो, किन्तु तुम्हारे निकट होने का अहसास मेरे लिए एक शुद्ध आत्मिक अनुभव है। मैं अपने आप को इस संसार से

बिल्कुल अलग समझती हूँ। फिर क्या बात है कि मैं अपने आप को बिल्कुल अकेला समझकर दुखी होती हूँ? मैं तो हमेशा याद करती हूँ किस समय तुमने क्या बात कही थी किस बात का क्या उत्तर दिया था। तुम तो अग्नि के रथ पर बैठकर परम पिता परमेश्वर से मिलने चले गए, जन्म मरण के चक्र को समाप्त करने के लिए, पर मेरे प्यारे सूरज। मैं नहीं चाहती कि यह चक्र समाप्त हो। हम बारी-बारी आएँ और हर जन्म में मिलते रहें।

तुम्हारे होते हुए, मुझे लगता था मैं बहुत शक्तिशाली हूँ। किन्तु अब तो केवल समय काट रही हूँ। हर समय मेरी वैचारिक शक्ति तुम्हें अपने पास बुलाती है। मैं सब कुछ छोड़कर तुम्हारे पास आना चाहती हूँ। तुम्हारे बगैर मैं अकेले जीना नहीं चाहती। मेरे आस-पास के लोग कहते हैं, भगवान् पर भरोसा रख, सब ठीक हो जाएगा। किन्तु भगवान् तो एक सुन्दर कल्पना है और तुम और तुम्हारी यादें तो एक सच्चाई है, वास्तविकता है, कोई वहम नहीं, कोई सपना नहीं।

मुझे किसी प्रकार का आराम अच्छा नहीं लगता–लगता है मेरे शरीर के सैकड़ों टुकड़े होकर इधर-उधर बिखर गए हैं जब तक तुम मुझे नहीं बुलाते मैं तो वहीं पर तेरा इंतजार करूँगी जहाँ पर हम दोनों ने जीवन के आखिरी लम्हे गुजारे थे। मुझे बता तो सही? मैं तुम्हें और कहाँ मिलूँगी, जब तुम मुझे लेने आओगे, मुझे कहा ढूँढ़ोगे?

मैंने कितनी बार कहा था–मुझे छोड़कर मत जाना, पर तुमने तो मेरी एक न सुनी, अब कौन मेरे पास एक पल ठहरकर कहेगा, तुम कैसी हो?

लगता है घर में रखी हुई सभी वस्तुएँ फालतू हो गई हैं। किसी चीज़ की जरूरत ही नहीं बची अब मैं किससे बहस करूँगी कि मुझे कोई नई क्रॉकरी अथवा नया फर्नीचर लेना है! किससे कहूँगी नई ड्रेस खरीदनी है। मेरे पास जो कुछ छोड़ गए हो वह तो बीस बरस तक खत्म होने वाला नहीं है। और मुझे पता भी नहीं मैं कब तक जीवित रहूँगी।

परछाईयों को छूआ नहीं जा सकता, उनसे बातें करके हृदय को सान्तवना नहीं मिल सकती। उनके पीछे भागकर उन्हें पकड़ा भी नहीं जा सकता। लोग कहते हैं, मैं पागल हूँ, परछाईयों के पीछे भाग रही हूँ। उन्हें नहीं पता, पागलपन भी एक दवाई है जो जीवन देती है।

जब मैं कहीं से घर आकर घंटी बजाती हूँ, कोई नहीं खोलता, कोई मुस्करा कर नहीं कहता–आइए हजूर! आइए! अब तो मुझे स्वयं ही कुंडी खोलनी और बंद करनी पड़ेगी।

मैं कई बार तुम्हें कुछ बताने के लिए अचानक कमरे के अंदर आती हूँ किन्तु तब याद आता है दीवार पर टंगी हुई तुम्हारी तस्वीर उत्तर नहीं देगी। फिर भी क्यों ऐसा लगता है कि मैं जिधर भी जाती हूँ तुम्हारी आँखें उधर को ही घूम जाती हैं, लगता है मेरी बात सुनकर तुम्हारी तस्वीर हल्के से मुस्करा रही है।

यही आँखें, कभी-कभी आधी बंद, आधी नशीली-एक शरारती इशारे से कहती थीं–आजा मेरे पास–तुम्हारी आँखों में तुम्हारा प्रत्येक मूड, प्रत्येक संदेश, प्रत्येक विचार, साफ-साफ झलकता था। कब तुम खुश थे, कब उदास, कब दुखी, मुझे बताने की जरूरत नहीं थी मैं स्वयं ही पढ़ लेती थी। उस दिन भी तुम मुझे कुछ कहना चाहते थे–मैं पास आकर तुम्हें पढ़ना चाहती थी पर यदि मैंने डॉक्टरों के काम में विघ्न डाला होता तो जो कुछ हुआ उसका इलजाम मुझ पर ही आना था। हाय! अब मैं किसे कहने जाऊँगी कि उन्होंने मुझे और मेरे बच्चों को धोखा दिया। हमारी नज़रों में फेल हो गए। वह तो मानेंगे ही नहीं क्योंकि वह तो मशीनें थीं। एक प्रकार के रोबोटस, उनके अंदर कोई अहसास ही नहीं था।

मुझे अभी भी विश्वास नहीं आता कि डॉक्टरों की डायग्नोज़ ठीक थी। लगता है दवाइयों का परीक्षण करने के लिए सूरज के शरीर का उपयोग किया गया था। हो सकता है, मैं गलत हूँ, किन्तु मैं अपने प्यारे सूरज के वियोग का इलजाम हर किसी के ऊपर डालने को तैयार हूँ। मेरा दुख उन्हें माफ करने के लिए तैयार नहीं, न

डाक्टरों को, न उस ऊपर वाले को जिसने उसे मुझसे छीन लिया, अपने पास बुला लिया।

मुझे सपना आता है। हम दोनों साथ-साथ जा रहे हैं एक बहुत बड़ी भीड़ पीछे से आती है—धक्के मार-मारकर आगे बढ़ रही है। सूरज गुम हो जाता है—संसार के एक कोने में खड़ी मैं उस भीड़ के हटने की प्रतीक्षा कर रही हूँ पर भीड़ तो बढ़ती ही जा रही है वह तो मुझे भी धक्के मारकर गिरा देती है। मैं देखती हूँ मैं रेत के टीलों में रास्ता भूल गई हूँ। वह कभी यहां, कभी वहाँ इधर-उधर होकर नए स्थान पर नए ढेर बन जाते हैं रेत के छोटे-छोटे पहाड़। इतने में गीदड़ों की एक टोली मेरे पीछे पड़ जाती है दूर किसी जंगली जानवर की डरावनी आवाज सुनकर मेरी चीख निकल जाती है। अचानक सूरज मेरा हाथ पकड़कर मेरे साथ-साथ जा रहा है। मुझे विश्वास दिलाता है मैं तुम्हारे साथ रहने के लिए घर का प्रबन्ध कर रहा हूँ, फिर हम लोग इकट्ठे रहेंगे, इंतजाम होते ही मैं तुझे टेलीग्राम दूंगा। तुम गाड़ी पकड़कर आ जाना, मैं स्टेशन पर आकर ले जाऊँगा। बस! मेरी रूपा। अब आराम से सो जा। मैं अगले दिन की तकलीफें सहने के लिए अपने आपको तैयार कर लेती हूँ।

प्यारे सूरज! तुम जब भी बुलाओगे। मैं आने के लिए तैयार बैठी हूँ। मैं सारी दुनिया को छोड़कर आ जाऊँगी कोशिश करो, जल्दी घर का प्रबन्ध हो जाए। मैं इस बार पूरी छुट्टी लेकर आऊँगी और तुम्हें बैचलर क्वार्टर में वापिस जाने नहीं दूँगी।

3

प्रारंभिक शिक्षा–रेत में लिखना और मिटाना

पाँच छः बरस के भोले भाले नन्हें मुन्ने गाँव के स्कूल में पढ़ना शुरू करते हैं। एक से सौ तक एवं क, ख, ग की प्रैक्टिस एवं 20 × 20 के पहाड़े गुणा, जमा, बाकी आदि ऊंगलियों के पोरों पर गिनकर आगे बढ़ना, महीनों तक बच्चे गा गा कर दुहराते हैं–वह मस्तिष्क में इस प्रकार अंकित हो जाता है कि कैलकूलेटर अथवा कम्प्यूटर में फीड करने से पहले ही डायरेक्ट बाहर निकल आता है और सारी उमर याद रहता है। इस प्राईमरी स्कूल को एक ही टीचर चला रहा है। एक बार एक आठवीं पास नौजवान काम की खोज में घूमता-घूमता इस गाँव में आ पहुँचा उसने घर-घर जाकर किसानों को बताया कि आप अपने नन्हें मुन्नों को मेरे पास भेजो, मैं उन्हें पढ़ाऊँगा और अखबार पढ़ने लायक बना दूँगा। प्रारम्भ में तो 2, 3 लड़के ही पहुँचे, एक स्थान पर एक पेड़ गिर गया था उसी के ऊपर बैठकर उसने अपने ऊँचे पद की इज्ज़त रखने का प्रयत्न किया। बच्चे नीचे रेत पर ही बैठने लगे। प्रारम्भ में तो उसने छोटी-छोटी कहानियाँ सुनानी शुरू की। स्कूल की प्रार्थना सिखाई–धीरे-धीरे 10, 12 लड़के हो गए। वह अपने घर से टाट का टुकड़ा लाकर बैठने लगे। रेगिस्तान का इलाका था। रेत की कोई कमी नहीं थी। इसी रेत को बराबर करके उसने ऊँगली से क. ख. ग. और 1, 2, 3 लिखना सिखाया जब तक अक्षर पक्का न हो जाता, रेत को बार-बार मिटाकर लिखते रहते, कहानियाँ सुनते, स्कूल की प्रार्थना करके घर चले जाते।

इतनी शक्ति हमें देना दाता।
मन का विश्वास कमजोर हो ना।।

लोग खुश थे उनके शैतान बच्चे, एक दूसरे के बाल खींचने और मार् कुटाई करने के स्थान पर कुछ न कुछ अच्छा सीख रहे हैं उन्होंने एक दिन पंचायत करके एक-एक रुपया इकट्ठा किया और टीचर के लिए एक कुर्सी खरीदकर 10 रु. महीना की पगार निश्चित कर दी। लड़के अपने घर से टाट उठा लाते–एक सज्जन ने अपने पुराने घर का बरामदा दे दिया और बाकायदा प्राईमरी स्कूल की नींव रख दी गई।

इस प्रकार के वातावरण में सब अपने आपको बराबर समझते थे। सबको अपने बैठने के लिए टाट का टुकड़ा घर से ही लाना था। टीचर के सामने नीचे ही बैठना था। अतएव समानता, असमानता का प्रश्न नहीं उठता था। छोटे बच्चों को घर में भी क्या करना था, सो उनकी माताएँ साड़ी के पल्लू को गीला करके मुँह पोंछ देती, ऊपर से जरा-सा मक्खन चुपड़ देती, कमीज का बंटन बंद करके आधे पजामे जैसे कच्छे पहनकर गाँव के एक ओर जहाँ मैदान में रेत ही रेत थी क्लासें लगनी शुरू हो गई–न कोई बेंच, न कोई, दूसरी सामग्री, न कंधे तोड़ने वाले बैग, न ही होमवर्क यह तो एक आदर्शवादी स्कूल था। रेत में लिखना और मिटा देना, फिर लिखना फिर मिटा देना, गिनती गा-गाकर याद कर लेना और कहानी सुनकर प्रार्थना करके घर आ जाना पहले कच्ची क्लास, फिर पक्की क्लास, जब पहली कक्षा शुरू हुई तो टीचर शहर जाकर सबके लिए एक-एक प्राईमर, एक-एक स्लेट, एक ब्लैक बोर्ड और चॉक खरीद लाया।

आजकल तो स्कूलों में प्रवेश इतना मुश्किल हो गया है कि बच्चे के पैदा होते हीं रजिस्ट्रेशन शुरू हो जाती है। फिर बहुत सारे पब्लिक स्कूलों में तो माता-पिता का आर्थिक स्तर देखकर ही नाम लिखते हैं उनका इंटरब्यू भी लिया जाता है और पैन नं. भी देना जरूरी हो जाता है। स्कूल एक प्रकार की इण्डस्ट्री बन चुके हैं। इस तरह के विद्यालय चाणक्य पैदा नहीं कर सकते, क्योंकि दाखिला तो पैसों से खरीदा जा सकता है अक्ल खरीदी नहीं जा सकती वास्तविक योग्यता प्राप्त करने

के लिए मेहतन की जरूरत होती है। जिसके लिए कोई गांगुली कमेटी की रिपोर्ट, मंडल कमिशन अथवा रिजर्वेशन पॉलिसी की आवश्यकता नहीं होती। सच्चर कमिशन बैठाना नहीं पड़ता।

टीचर भी खुश था। उसे न केवल दस रु. महीना मिलते थे–फसल कटने के समय कुछ अनाज भी मिल जाता–बेटा पैदा होने के समय गुड़ भी आ जाता, कभी-कभी बच्चे अपने घर से दूध मक्खन भी दे जाते। उसके दिन तो मजे में कट रहे थे। घर जाकर माँ–बाप को भी बहुत कुछ दे आता था। बच्चों को पढ़ाने के साथ-साथ शाम को चौपाल में बैठकर खबरें भी सुनाता। गाँव से जब भी कोई शहर जाता, पेपर खरीदकर लाता। गाँव वाले खुश थे उनका लाड़ला भी कभी पेपर पढ़ने लायक हो जाएगा। टीचर भी गाँव का एक सम्मानित सदस्य बन गया। स्कूल की सारी मिलकियत केवल एक कुर्सी और एक ब्लैकबोर्ड था। बच्चों के लिए तो यही सबसे बढ़िया पब्लिक स्कूल था।

टीचर केवल तीन विषय ही पढाता था लिखना, पढ़ना और गिनती सीखना, शिक्षित होने के लिए प्रारम्भ में इतना ही काफी होता है। अच्छी विचारधारा, अच्छा चाल चलन, बड़ों का सम्मान यह सब कहानियों के द्वारा समझा दिया जाता–खेलने का इंतजाम उसने पुराने कपड़ों को गोल करके सूई-धागे से सीकर बॉल बना ली। पेड़ की इस प्रकार की टहनियाँ काटी जिनका सिरा थोड़ा मुड़ा हुआ था बस खेल शुरू हो गया, टीम बनाकर बाल को प्राप्त करने का संघर्ष, इसी खेल ने आगे चलकर हॉकी का रूप लिया। मैदान में नंगे पैर भागना–दौड़ना कोई नई बात नहीं थी किन्तु रेखाओं के अंदर भागकर फर्स्ट आने का तो मजा ही और था। नरम–नरम रेत के अंदर कुश्ती करना इसमें कुछ भी खर्चा नहीं होता किन्तु यह कसरत शरीर को ताकत देती है। पुट्ठों को मजबूत करती है। कभी-कभी मैच भी हो जाते तो गाँव के लोग मैदान में अपनी-अपनी चारपाइयाँ डालकर भरपूर आनन्द उठाते इस सबके लिए किसी सरकारी सहायता की

आवश्यकता नहीं थी न हीं एशियाड और ओलम्पिक कमिटीयों की जरूरत थी। राजनीति भी इतनी छोटी क्रिया में प्रवेश नहीं करती, लाभ-हानि का प्रश्न नहीं।

इस तरह की शिक्षा में एक ही बात को साल भर गा-गाकर दुहराई जाने से सीधा दिमाग में फिट हो जाती है जो कैलकूलेटर से जल्दी गिन लेती थी। स्कूल में शुरू हुई मित्रता जीवन भर चलती है। बड़ों की इज़्ज़त करना यहाँ से सिखाया जाने वाला पहला पाठ था।

किसी ने टीचर की इंटरव्यू नहीं ली थी ना ही उसने नौकरी के लिए आवेदन ही किया था। वह तो कई साल तक 10 रु. महीना लेकर ही खुश था, कभी भी उसने कम पगार और वार्षिक तरक्की की बात नहीं की ना ही हड़ताल की।

जून 1933, गाँव के इस स्कूल में एक नन्हा मुन्ना बच्चा अपने बापू की ऊँगली पकड़कर पढ़ने के लिए आया। टीचर ने जब उसका नाम पूछा तो उसने मुन्ना बताया टीचर हँस पड़ा बोला-लाला जी कुछ अच्छा-सा नाम रखिए। मुन्ना तो प्रत्येक परिवार में होता है फिर टीचर ने ही पूछा "सूरज लिख लूँ" बापू ने सिर हिलाया, उम्र पूछने पर पाँच बरस बताई उसने अपने आप ही जन्म तिथि भी अटकल लगाकर लिख ली। उस समय तक स्कूल में 25 बच्चे हो गए थे। अब घर से बोरी नहीं लानी पड़ती थी। पंचायत ने जूट के लम्बे टाट खरीद दिए थे। प्रत्येक क्लास के लिए अलग-अलग। इस आदर्श स्कूल में कोई परीक्षा नहीं थी न ही नंबर देने का कोई चलन, बस एक वर्ष पूरा करने के बाद दूसरे टाट पर जाकर बैठ जाओ अगली कक्षा में जाने के बाद टीचर शहर जाकर किताबें खरीद लाता कमरे अलग नहीं थे उसी बरामदे में थोड़ी दूर पर जाकर दूसरे टाट पर बैठना था।

सूरज यहाँ आकर बहुत खुश था। एक ही वर्ष बाद क्लास का मॉनीटर बन गया। माँ को घर जाकर स्कूल की प्रार्थना सुनाता, वह बहुत खुश होती। उसे गोद में बिठाकर प्यार करती।

मास्टर जी ने शरारती बच्चों को ठीक करने के लिए एक पेड़ की टहनी काटकर रखी हुई थी। कभी-कभी क्लास से दूर कान पकड़वा कर खड़ा कर देते, ज्यादा शरारती बच्चों को मुर्गा भी बना देते दूसरे बच्चे हँसते तो वह अपने आप ही सुधर जाते, स्कूल का डिस्पिलिन बना रहता, कभी भी माँ-बाप ने शिकायत नहीं की कि हमारे बच्चे को मुर्गा क्यों वनाया? ना ही बाकी बच्चों ने अपने साथी को सजा देने पर खिड़कियों के शीशे तोड़े, वहाँ तो वैसे भी कुछ नहीं था तोड़ने के लिए। पहली बार जब बच्चों ने एक वर्ष पूरा किया था तो वह शहर जाकर सबके लिए प्राईमर खरीदकर लाया। एक स्लेट, एक लकड़ी की पट्टी और तस्वीरों वाली किताब। पिता को तो दो रुपये देने पड़े पर माँ ने हाथों से एक झोला सिल दिया उसमें किताबें डाल दीं। अब तो बच्चे और भी खुश थे। पढ़ाई करने में मजा आ रहा था। झोला टाँगकर ऐसा लगता–गाँव के अंदर ही एक नया वर्ग बन गया है। पढ़े-लिखे वर्ग का, दूसरे से अलग दिखने का अहसास, बुद्धिजीवियों का नया संसार, जो स्कूल नहीं जाते थे वह भी आने लगे, सर्व शिक्षा अभियान अपने आप ही शुरू हो गया। केवल कंधों पर झोला टाँगकर नए धर्म में दीक्षित होने का गर्व। टीचर सबको संभाल लेता। नए आने वाले लड़के रेत में लिखकर सीखते रहते, कोई लकड़ी की पट्टी पर लिखाई सुधारते, कोई बोर्ड पर लिखे हुए छोटे-छोटे सवालों पर स्लेट पर माथापच्ची करते रहते–मॉनीटर भी टीचर की सहायता करते–बड़ी क्लास के सामने कुर्सी बिछाकर उनसे किताब सुनता, प्रश्न पूछता, उत्तर मिलते–गलत उत्तर देने वाले को मुर्गा बना दिया जाता, पहाड़े और अ आ इ ई की प्रैक्टिस गा-गाकर कर लेते–सुबह और शाम प्रार्थना इकट्ठी होती और सप्ताह में एक बार फुटबॉल, कुश्ती और दौड़ों का प्रोग्राम होता।

गाँव में दो तालाब थे, एक का पानी खाना बनाने और पीने के लिए उपयोग होता, दूसरे का उन्होंने के लिए, कपड़े धोने और पशुओं के पीने के लिए था। इस दूसरे तालाब में ही लड़कों ने तैरना सीखा,

सूरज जैसे होशियार बच्चे तो आर–पार जाते रहते। जब भी वर्षा होती, दोनों तालाब भर जाते, वर्ष में दो बार नहर से लेकर गाँव तक छोटी नहर बनाई जाती, इसके लिए पटवारी से इजाज़त लेनी जरूरी थी। वही तो अंग्रेजी हुकूमत का नुमांइदा था। सूरज की धूप काफी थी जो पानी को साफ रखती थी। पीने के लिए कपड़े से छानकर घड़ों में भर लेते अपने आप ठंडा होता रहता, जो परिवार अपने को थोड़ा समृद्ध समझते थे वह ऊँट पर 10, 12 चपटे घड़े रखकर नदी से भर लाते, नहीं तो घर की बहू, बेटियाँ, सिर पर दो–दो घड़े रखकर नदी तक पैदल जाकर ले आती। रास्ते भर हँसते–गाते, बातें करते जाना, रोज का ही काम था। कोई थकान नहीं, यह तो आदत बन चुकी थी। बाहर वालों को चाहे यह सब कठिन लगता हो पर उन्हें अजीब नहीं लगता था।

पटवारी न केवल पानी लाने के लिए नहर खोलने की इजाज़त देता था बल्कि जमीनों का हिसाब रखना और गाँवों से टैक्स इकट्ठा करके खजाने में जमा करना भी उसी का काम था। गाँव वाले उसकी बहुत इज्ज़त करते थे वही उनके लिए बड़ा अफसर था। सरकार की ओर से उसे 25 रु. महीना वेतन और एक घोड़ी मिली होती थी, उसके घास आदि के लिए अलग भत्ता पर वह सब तो उसे मु.फ्त में ही मिल जाता था, महीने भर की पगार पूरी की पूरी बच जाती थी। वह या तो जमीनें खरीदने पर खर्च होती या बच्चों को शहर भेजकर अच्छे–अच्छे स्कूलों में पढ़ाने में काम आती।

किसी को भी पता नहीं था, पटवारी से भी बड़ा अफसर होता है, क्योंकि उसके ऊपर तो, सब अंग्रेज ही होते थे कोई–कोई कानूनगो भी बन जाता पर उसके लिए बहुत भाग दौड़ की जरूरत थी। सूरज के बापू की इच्छा थी मेरा बेटा भी पटवारी बने। उसकी भी इज्ज़त बढ़े। कभी–कभी कोई सिपाही भी नजर आ जाता था। गाँव में आकर धौंस जमाता, सारे गाँव में सनसनी फैल जाती, पुलिस आई है। खा–पीकर चला जाता।

4

गाँव का सामाजिक जीवन

इस गाँव में ज्यादा आबादी तो जाट सिक्खों की थी। हिन्दुओं के भी कुछ घर थे पर सब मिल जुल कर रहते थे। कुल जनसंख्या लगभग 500 की थी। खेती बाड़ी वर्षा पर ही निर्भर थी इसलिए ज्यादा उपजाऊ नहीं थी। मोटा अनाज, ज्वार बाजरा वगैरह ही होता था, थोड़ी बहुत गेहूँ और कपास भी हो जाती। झाड़ियों में गोल-गोल करेले लगते। ग्वार फली की बेलें, तरबूज, खरबूजे भी उगते, सरसों का साग प्रचुर मात्रा में होता। कभी-कभी कद्दू भी उग आते। खखड़ियाँ भी होती, बहुत ही स्वादिष्ट खट्टी मीठी, सुखाने के बाद उसकी सब्जी भी बनाई जाती। प्रत्येक घर में गाय अथवा भैंस जरूर होती। गरीब लोग बकरी रख लेते। इसलिए दूध घी की कमी नहीं थी बेटा पैदा होता तो सारे गाँव में गुड़ बाँटा जाता, दालें शहर से लाई जातीं जो कभी-कभी बनती थीं। साल में एक बार कच्चे आम की बोरी खरीदी जाती उसका अचार डालते। रोटी खाने के लिए अचार-प्याज गुड़ कभी-कभी दाल या सब्जी, खूब सारा मक्खन डालकर फाईव स्टार का खाना इससे अच्छा नहीं होगा। उपलों पर पक रहे दूध की मलाई, तंदूर की रोटी, दिन भर धीमी आंच पर पकी हुई दाल अथवा साग का तो स्वाद ही निराला था।

लड़कियाँ चाँद की रोशनी में चरखा कातती, साथ में हँसती रहती, गीत गाती। गाँव में एक जुलाहा था, एक दर्जी, एक कुम्हार और एक जूतियाँ बनाने वाला, अपने आप में एक संपूर्ण इकाई था, यहीं से ही जीवन की आवश्यकताएँ पूर्ण हो जाती थी। बाहर की दुनियाँ में क्या हो रहा है कोई पता नहीं, न बढ़ती महँगाई की चिन्ता, न इन्फलेशन

रेट का फिक्र, न ही सेंसेक्स के उतार-चढ़ाव से कुछ फरक पड़ता, बढ़िया जीवन था, बेफिक्र और मस्त।

गांधी जी और नेहरू जी का नाम सबने सुन रखा था। किन्तु मलिका विक्टोरिया का नाम सबको पता था, क्योंकि लड़की की सगाई करते समय होने वाले जवाई को विक्टोरिया की फोटो वाला चाँदी का रुपया, गुड़ के साथ दिया जाता था। एक बहुत बड़ी तकलीफ थी, गाँव में अधिकतर लड़के कंवारे थे, क्योंकि कोई भी अपनी लड़की इस गाँव में भेजने को तैयार नहीं था। नित्य 2, 3 मील पैदल चलकर पानी लाना, चक्की पर ज्वार, बाजरा पीसना, पशुओं को संभालना, गोबर के उपले बनाना बहुत ही मुश्किल काम थे इसलिए जरूरतमंद लोग या ज्यादा बेटियों वाले ही रुपया पकड़ा जाते थे। रुपया, मतलब, पक्की गारंटी जिस लड़के को दे दिया जाता, जीवन सफल हो जाता बाकी लड़के भाभियों से मजाक करके ही सबर कर लेते थे।

स्कूल में कोई ट्वायलट तो था ही नहीं, बस एक ऊँगली खड़ी करके खेतों की ओर भाग जाओ अपना काम निपटा लो और वापिस आकर टाट पर बैठ जाओ। कहीं नहीं लिखा होता था "यहाँ गधा पेशाब कर रहा है" बस पशुओं और पक्षियों जैसी आज़ादी थी, सभी खेत अपने थे और यह क्रिया तो खाद का काम देती थी। सब लोग खेतों में ही जाते थे। समझ लो प्रत्येक घर में एक छोटी-मोटी फर्टीलाईजर फैक्ट्री थी। गोबर तो उपले बनाने के लिए चाहिए था, उन पर खाना बनता था इसलिए खेतों में कम डाला जाता। उपले सूख जाने पर उनके पिरामिड बनाकर संभाल कर रखे जाते। लड़कियों की यारदाश्त इतनी तेज थी कि खुले मैदान में किसके उपले कहाँ पर हैं कितने हैं और उनके पिरामिड कौन-से है सब कुछ पता था। मजाल है कोई एक दूसरे के उपलों में सेंध लगा सके। दादियाँ तो छोटी-मोटी डाक्टरी भी जानती थी, नीम के पत्तों का रस निकालकर बच्चों को पिलाना, मुँह कड़वा होने पर गुड़ खिला देना फोड़े फुंसियों से बचाता था। झाड़ियों के अंदर

ही छोटी-मोटी बीमारियों का इलाज था और यह परम्परा बरसों से चली आ रही थी जब से गाँव आबाद हुआ था।

लड़कियाँ भी अपने कपड़ों पर फूल निकालती, पंखे बनातीं, माँ और दादी के लँहगों पर भी कढ़ाई करती इससे बढ़िया जीवन कहीं हो भी, तो किसी को उसे प्राप्त करने की इच्छा नहीं थी। गाँव वाले अनपढ़ थे, निरक्षर कहा जा सकता है, तो भी रामायण, महाभारत की कहानियाँ जानते थे सिक्ख गुरुओं के मुगलों के साथ युद्ध और कुरबानियाँ सबको पता थीं। किसी-किसी को तो अलीफ लैला की कहानियाँ भी याद थी। जब भी गाँव से मंडी की ओर जाते अनाज बेचने तो मंदिर गुरुद्वारे में जरूर जाते, शादी के समय पास के गाँव से पंडित को बुलाया जाता वह माथे पर तिलक लगाकर, रामनामी साफा गले में डालकर एक पुरानी पोथी कपड़े में लपेटकर पहुँच जाता और उल्टा गणेश बनाकर अग्नि के चारों ओर सात बार चक्कर लगवाता-स्वाहा शब्द के सिवा किसी को समझ नहीं थी क्या बोल रहा है। और शादियां इस सबके बावजूद भी उमर भर चलती, इसमें गणेश जी उल्टा बनाने पर भी कभी नाराज नहीं होते, बात श्रद्धा की थी, आस्था पर प्रश्न चिन्ह नहीं लगते।

तीज का त्योहार तो महीना भर चलता गाँव की लड़कियाँ मायके जरूर पहुँचती, झूले झूल कर पेड़ों की छाँव में नाच-नाच कर गीत गाती, सहेलियों से, भाभियों से मिलकर मजाक करती और अपनी सास और ससुराल की कहानियाँ मजे ले लेकर सुनातीं।

यहाँ की पंचायत का फरमान, देश के कानून से ज्यादा बड़ा था जिसे सब मानते थे यहाँ पर मिड-डे-मील की स्कीम की जरूरत ही नहीं थी क्योंकि प्रत्येक माँ चाहती है उसका बच्चा उसके हाथ का बना हुआ साफ सुथरा खाना खाए और दान दी हुई चीज़ खिलाना उन्हें वैसे भी पसंद नहीं था।

शिक्षा जबरदस्ती नहीं दी जा सकती, प्राईमरी तक की शिक्षा जरूरी करके, बच्चों को किताबें, कपड़े और दोपहर के भोजन का लालच देकर केवल बिठाया जा सकता है स्कूल में, ताकि इन मु.फ्त दी हुई वस्तुओं का फायदा उठा सकें और साथ-साथ सरकारी फंड से इन्हें वितरित करने वाले भी भरपूर फायदा उठा सकें। वह तो कीमतों में, संख्या में, उच्च मापदंड बताकर कागज पर ही कमा लेते हैं। शिक्षा का प्रसार जबरदस्ती करके नहीं किया जा सकता, जनसंख्या नियंत्रण पर अरबों रुपये खर्च करने पर भी फंड पर नियंत्रण करने वालों का ही फायदा हुआ, कहीं कोई कमी नहीं आई, घोड़े का गला पकड़कर उसमें जबरदस्ती पानी डालोगे तो पानी ही इधर-उधर बिखर जाएगा। घोड़े का कुछ नहीं बिगड़ता, उसे कोई फर्क नहीं पड़ेगा। जबरदस्ती प्राईमरी पास करवा के थोड़ा बहुत अक्षर ज्ञान तो कराया जा सकता है अगर आगे पढ़ाई की सुविधा और इच्छा शक्ति नहीं है तो सोशल टेंशन ही बढ़ेगी क्योंकि पहले तो कुछ भी पगार लिखकर अंगूठा लगवा देते थे। अब जब वह देखेंगे कि हस्ताक्षर तो पूरे वेतन पर करवाए जा रहे हैं और दिया जा रहा है केवल आधा तो दंगे हो जाएँगे, क्योंकि प्राईमरी पास ने तो केवल मज़दूर ही बनना है। इस तरह की जबरदस्ती दी गई शिक्षा पर करोड़ों रुपये खर्च कर दिए जाते हैं। भारी टैक्स लिए जाते हैं शिक्षा टैक्स अलग से, जिसमें से अधिकतर मिडल मैन की जेब में जाता है। देश की अनपढ़ और निरक्षर आबादी को कागजों पर ही पढ़ा लिखा दिखाकर सरकार को खुश कर दिया जाता है। इन आंकड़ों के खेल से किसी का कोई भला नहीं होता, जब तक शिक्षा के प्रसार को एक मिशन समझकर बढ़ाया नहीं जाता, सरकार की योजनाएँ सफल नहीं होंगी क्योंकि न तो वह करप्शन पर कंट्रोल कर सकती है न ही आबादी पर।

शिक्षा को एक बुनियादी हक मानना जरूरी है। उसे लागू करने के लिए कानून बनाए जाएँ, उसके लिए शिक्षा प्राप्त करने के साधन बढ़ाने पड़ेंगे, अच्छी इमारतें, लड़के लड़कियों को बिना किसी भेदभाव

के बराबर बारहवीं तक की मुफ़्त शिक्षा, बच्चों को पता हो पढ़ने के बाद उन्हें नौकरी जरूर मिल जाएगी अथवा स्वयं का कारोबार चलाकर वह अपना जीवन स्तर सुधार सकें, बारहवीं के पश्चात् भी कम से कम 6 महीने के लिए टेक्नीकल ट्रेनिंग भी मुफ़्त हो। मध्यम वर्ग के और गाँवों से आए हुए होशियार बच्चों को आगे पढ़ने के लिए आर्थिक सहायता मिले किन्तु योग्यता से समझौता न किया जाए। SC/ST, OBC वर्ग को विशेष कक्षाएँ लगाकर उन्हें बराबर के स्तर पर लाया जाय, न कि जबरदस्ती कोटा पूरा करने के चक्कर में शिक्षा में स्तर की अनदेखी की जाए और बाद में बेकारी का अलाउंस देकर उनमें हीन भावना पैदा की जाए, तसल्ली बक्श नौकरी होनी चाहिए, न कि दया क्योंकि प्रोमोशन के लिए कार्य अनुभव की आवश्यकता होती है, न कि बेकारी अलाउंस के समय का अनुभव, फिर तरह-तरह की स्कीमों के अंदर 100 दिन का काम, बाकी 265 दिन कहाँ से खाएँगे, भूखे रहने की अथवा एक समय खाने की आदत बार-बार बदलना खेदजनक हो जाता है।

स्कूलों में प्रवेश लेने की सुविधाएँ संतोषजनक हों। प्राईमरी स्टेज के बच्चों पर भारी बैग उठाने और होमवर्क करने का बन्धन नहीं हो।

सरकार फंड तो आबंटित कर देती है पर बहुत सारे सरकारी मुलाजम भी फंड का उपयोग करने वालों के साथ मिल जुल कर खाना शुरू कर देते हैं प्रत्येक डवैलपमैंट स्कीम का अंत ऐसे ही होता है। गरीब तो गरीब ही रहेंगे, भूखे, अनपढ़, बीमार और करप्शन करने वालों के बच्चे देश और विदेश की बड़ी-बड़ी संस्थाओं से शिक्षा प्राप्त करेंगे।

अभी भी बहुत नौजवान तैयार हो जाएँगे गाँवों में जाकर बच्चों को देश, कौम के लिए बेहतर नागरिक बनाने के लिए, यदि उन्हें कुछ बेसिक सहुलियतें मिल जाए, अच्छी पगार मिले। अशिक्षा को जब तक स्वतंत्रता सेनानियों की प्रेरणा लेकर युद्ध-भावना से सामना नहीं किया जाएगा। सभी स्कीमें केवल सपना बनकर रह जाएँगी।

आजकल तो व्यावसायिक एवं औद्योगिक शिक्षा प्राप्त करने के लिए कम्पीटीशन का सामना करना पड़ता है उनके लिए ऊँचे नम्बर प्राप्त करने के लिए संघर्ष करना पड़ता है और इसमें उनके बच्चे ही सफल होते हैं जिनके माता-पिता महंगे पब्लिक स्कूलों में पढ़ाने की ताकत रखते हैं। कम से कम बारहवीं तक की शिक्षा पूरे देश में एक समान होनी चाहिए, सबकी पहुँच के अंदर ताकि ठीक से मुकाबला हो सके और योग्यता को मापदंड समझा जा सके।

5

शिक्षा-मिडिल से इन्जीनियरिंग तक

चौथी कक्षा पूरी करने के पश्चात बाकी लड़के तो अपने-अपने काम धंधो में लग गए। खेती में हाथ बंटाना और ढोर चराना। परंतु सूरज को टीचर की यह बात अच्छी लगी कि अगर तुम बाहर जाकर दस बरस तक और पढ़ाई कर लो तो पटवारी से भी बड़े साहब बन सकते हो। अंग्रेजों की तरह जीपों में घूमोगे अच्छे-अच्छे कपड़े पहनोगे। उसने टीचर से पूछा, फिर आप क्यों नहीं बने बड़े साहब? उसने बताया मेरे माँ बाप गरीब हैं हमारी बस्ती में आठवीं तक का ही स्कूल है सो मैं पंजाब यूनीवर्सिटी की मिडिल स्टैंडर्ड की परीक्षा पास करके तुम्हारे गाँव आ गया। मेरी किस्मत अच्छी थी मुझे यहाँ सहारा मिल गया परंतु तुम्हारे बापू के पास तो बहुत सारी जमीन है। पढ़ाने के लिए खर्च कर सकते हैं।

किन्तु सूरज के घर वाले दस बरस के छोटे बच्चे को घर से बाहर भेजने को तैयार नहीं थे, बापू की तो पहले से ही इच्छा थी। वह पटवारी बने, वह स्वयं भी एक बरस नाना के घर रहकर उर्दू पढ़ना सीख चुके थे। किन्तु माँ का मन नहीं मानता था। उसे ऐसा लग रहा था, कि उसके जिगर का टुकड़ा उससे अलग किया जा रहा है। टीचर ने उसे बता रखा था, यहाँ से 5 कोस दूर मंडी में एक आर्य स्कूल है वहाँ का एक टीचर 4,5 लड़कों को अपने साथ रखता है और सबके लिए इकट्ठी रोटी बनती है। तुम्हें वहाँ कोई कष्ट नहीं होगा बस दस सेर आटा हर महीने, एक रुपया सब्जियों के लिए-एक रुपया ऊपर के खर्च के लिए एक रुपया लेकर बाई कपड़े धो जाएगी। पाँचवीं कक्षा की पुस्तकों पर केवल छः रुपये लगेंगे जिन्हें

अगले वर्ष आधी कीमत पर बेच देना-सोने के लिए एक चारपाई खरीदनी पड़ेगी-फीस नहीं लगेगी। आर्य समाज वाले टीचरों को खुद ही वेतन देते हैं-वहाँ पर दो कक्षाओं के लिए एक टीचर है-पानी का पंप है-बाहर से नहीं लाना पड़ता और बैठने के लिए बैंच हैं-सूरज सुन-सुन कर वहाँ जाने के लिए उत्सुक हो रहा था।

भावी भविष्य के सपने लेकर, आँखों में एक अजीब-सी चमक, उसने बापू को मना ही लिया। बचपन की भोली आँखों में आँसू लेकर उसने अपने घर और स्कूल के साथियों को अलविदा कहा, सब लोग उसे काफ़ी दूर तक छोड़ने आए। कल तो उसके लिए अनजाना था किन्तु सपने असली थे। बाप बेटा दोनों पैदल ही चल पड़े मंडी की ओर, एक झोला जिसमें दो जोड़ी कपड़े थे। लकड़ी की पट्टी और स्लेट छोटा-सा घी का डिब्बा, जाने से पहले माँ ने गेहूँ के आटे को घी में भूनकर गुड़ मिलाया और छोटे-छोटे लड्डू बनाकर दे दिए।

सूरज ने अपनी रोती हुई माँ को पीछे छोड़ दिया, अपने खेतों और तालाब को अलविदा कही। इस छोटी-सी उमर में वह जा रहा था एक नई दुनिया में, बड़ा साहब बनने के लिए और जीप में बैठकर अपने घर आने की आशा में, उसने तो जीप कभी देखी ही नहीं थी। गाँव में कौन आता था उसमें बैठकर? बस उसका उच्चारण ही उसे अच्छा लगता था।

रास्ते में जाते-जाते रेत के टीले अपनी शक्ल बदल रहे थे, हवा के साथ-साथ, कभी छोटे, कभी बड़े, प्रकृति में लगातार होने वाली हलचल के प्रतीक, उन टीलों में भागी जा रही जंगली गऊओं की टोलियाँ, बाहर के लोग तो रास्ता ही भूल जाते पर गाँव वाले कीकर, नीम के पेड़ और झाड़ियों की निशानियों से मंडी का रास्ता पहचानते थे और रास्ता भूलने का सवाल ही नहीं था।

मंडी वाला टीचर बड़ा सज्जन निकला उसने सूरज के बापू को भरोसा दिलाया कि तुम्हारा बच्चा मेरी जिम्मेवारी है कोई फिक्र न

करो उसने बापू को भी बहुत सम्मान दिया, उसे भरोसा हो गया कि बच्चा यहाँ ठीक रहेगा। मंडी के एक लाला के साथ उसके व्यापारिक सम्बन्ध थे जो उनसे अनाज और कपास खरीदता था और वापिस ऊँट पर लादकर गुड़, दालें, प्याज, कपड़े आदि ले जाते थे। उसके घर जाकर सूरज को मिलाया उसने भी कह दिया। बेटा जब चाहो घर आकर बच्चों के साथ खेल जाया करना। हर महीने खेत में काम करने वाला सीरी उसे आटा, लड्डू, घी और पाँच रुपये दे जाता। यह उसका पहला अनुभव था होस्टल में रहने का, जो उसे अच्छा लगा।

गर्मी की छुट्टियों में घर आया तो गाँव के लड़कों ने उसे घेर लिया, स्कूल की बातें सुनने के लिए उसके चारों ओर बैठ गए उसने बताया हम वहाँ पर असली हॉकी और फुटबाल से खेलते हैं। उसने उन्हें कपड़े के बूट दिखाए कि इन्हें पहनकर रेत में भागने से पैर नहीं जलते, उसकी बात सुनकर सब हँसे जब उसने बताया कि जब मैंने पहली बार बूट पहने तो मुझे लगा मेरे पैरों को किसी चीज़ के साथ बाँध दिया गया है बड़ा ही अजीब लगा, भागा ही नहीं जा रहा था पर अब आदत पड़ गई है, अच्छा लगता है।

रोज शाम को उन्हें राजा, महाराजों की कहानियाँ सुनाता, मुगलों राजपूतों की लड़ाइयाँ, अंग्रेजों का भारत में आगमन वगैरा-वगैरा हिस्ट्री, ज्योगरॉफी की किताबें दिखाई शहरों के नाम बताए। लाहौर, अमृतसर, दिल्ली का किसी ने नाम भी नहीं सुना था।

दो महीने तो बहुत जल्दी बीत गए अगली कक्षा की पढ़ाई शुरू हो गई थी। वह वापिस लौट गया। अगली छुट्टियों में जब आया तो एक असली फुटबाल खरीद कर लाया, एक टीम बनाई और उन्हें खेलना सिखाया। अपने पाँच रुपये को वह बहुत संभाल कर खर्च करता था और कॉपी में एक-एक पैसे का हिसाब लिखता रहता।

यह सब सुन-सुन कर लड़कों ने अपने-अपने बापू से झगड़ा किया, हम भी मंडी में पढ़ने जाएँगे पर माँ बाप 5 रु. महीना खर्च

करने को तैयार नहीं थे। उनके स्थान पर खेत में काम करने वाले को अलग से पैसे देने पड़ते।

कुछ बच्चे लड़ झगड़ कर मंडी जाने में सफल हो गए। परंतु एक बरस के बाद वापिस आ गए। अगले साल पास न हो सके। गाँव के स्कूल में तो एक बरस पढ़ने के बाद अगली कक्षा में अपने आप ही पहुँच जाते थे पर इस स्कूल में अलग बात थी। पढ़ना भी जरूरी था और परीक्षा पास करना भी; बड़ा मुश्किल काम था। कौन बड़े-बड़े गणित के सवाल निकाले हिस्ट्री, ज्योगरफी याद करे, सुबह-सुबह हवन करने के लिए संस्कृत के श्लोक याद करे। कहाँ फँस गए आकर, इससे तो गाय भैंस चराना कहीं आसान काम है।

उनके बापू ने भी हँस-हँस कर गाँव वालों को बता दिया, भाई मेरे बेटे का तो मोटा दिमाग है उसमें कुछ नहीं पहुँच सकता, फिर वह लोग जो भी पढ़ाते हैं हमारे किसी काम का नहीं। ज्वार बाजरा बोना और काटना तो घर में रहकर ज्यादा अच्छी तरह सीखा जा सकता है। और फिर भी यदि 6, 7 बरस पढ़कर घिस-पिट कर पास हो भी गया, चलो किसी तरह पटवारी भी बन गया तो हमारे काम से तो गया। अंग्रेजों ने तो कहीं दूर गाँव में भेज देना है, हम तो अपने पोते पोतियों के साथ खेलने को तरस जाऐंगे और जरूरत पड़ने पर कहाँ से ढूंढ़ कर लाएँगे बस सूरज तो अकेला ही रह गया, जीप तो उसने दो बरस बाद भी नहीं देखी थी।

गाँव का स्कूल वैसे ही चौथी कक्षा तक चलता रहा बच्चे भी 10, 12 वर्ष के होने तक पढ़ते रहे, सूरज अपने बोर्डिंग स्कूल में खुश था। नए-नए साथी थे, मंडी के टीचर के पास 2 कमरे का घर था, वह भी अकेला था और उसने पाँच लड़के अपने साथ रखे हुए थे। एक बाई रखी थी जो दो रुपया महीना और खाना लेकर खुश थी, नारी जाति की आर्थिक स्वतंत्रता की संदेशवाहक, कपड़े धोने के अलग से पैसे लेती। दाल, सब्जी और गेहूँ की पतली-पतली रोटियाँ खूब सारा घी डालकर बहुत अच्छा लगता था। कभी-कभी सब लोग

एक-एक कटोरी घी देकर गुड़ डलवा कर हलवा बनवा लेते उसी का पूरा लंच हो जाता। कभी-कभी मास्टर जी चावल बनाते, इमली की चटनी के साथ खिलाते, इससे अच्छा स्नेह से भरा हुआ होस्टल कहाँ मिलेगा।

एक बार वह घर में एक नई मिठाई लेकर गया, एक आने के बीस बिस्कुट, उसकी छोटी बहनों को बहुत पसंद आए उनके लिए तस्वीरों वाली किताबें लाया, वह फोटो देख देखकर खुश होती, परंतु पढ़ने को तैयार नहीं थी। बूढ़े तोते नहीं पढ़ सकते मुन्ने। छोड़ इन्हें अपना दिमाग खराब मत कर, माँ समझा देती।

गाँव में रोशनी का कोई प्रबंध नहीं था, सरसों के तेल का दिया तैयार रहता और जरूरत पड़ने पर जला लिया जाता! दिन ढलने से पहले खाना बना लिया जाता और चाँद की रोशनी में खा लेते, प्रातः जैसे ही पशु हुँकारते सब कोई जाग जाते, मुर्गा भी बांग देकर समय बता देता, रात को चाँद तारों की छाँव में नीले आकाश के नीचे सोना मानो स्वर्ग का नजारा हो। ध्रुव तारे की सबको पहचान थी। बिल्कुल साफ नीला आसमान शहरों की तरह धुंधला हुआ नहीं, सर्दियों में एक बड़े कोठे में मंजीयाँ बिछाकर पूरा परिवार इकट्ठा ही सोता था। रजाईयों में रूई भरकर लेने से ठंड रूक जाती थी। पशु भी उसी कोठे के एक तरफ होते क्योंकि वह भी अपने बच्चों की तरह थे। अपने परिवार का हिस्सा, उन्हें ठंड में बाहर बाँधा नहीं जा सकता, शहर वालों को तो यह सब अजीब ही लगेगा किन्तु उनके लिए यह नित्य का जीवन था जहाँ कुछ भी अजीब नहीं लगता। पशुओं और इन्सानों का सांझा जीवन, एक दूसरे के सहारे जीवन बिताना, यह वास्तविक जीवन की सच्चाई थी।

सूरज अब आठवीं पास करके बठिंडा के गौरमेंट हाई स्कूल में चला गया। यहाँ तो बिल्कुल नई दुनियाँ थी। विद्यार्थियों में एक प्रकार की होड़, मुकाबला, कंपटीशन अधिक से अधिक नंबर लेने के लिए मेहनत की जरूरत थी। एक क्लास के लिए एक टीचर। यहाँ आधे

पजामे जैसे कच्छे नहीं थे, पूरा पजामा, कमीज़, कोट और पगड़ी, कपड़े चाहे कोई भी हो, पगड़ी बाँधना जरूरी था। टीचरों को भी, विद्यार्थियों को भी, हेडमास्टर अलग दिखने के लिए सोला हैट पहनता था। जब कभी इन्सपैक्टर के साथ मीटिंग होती, पैंट पहनकर जाता। यहाँ पर दो रुपया फीस थी। होस्टल भी था। 15 रूपया खर्च हो जाता था। घर से कुछ नहीं लाना पड़ता था। अब तो सूरज को और अधिक पढ़ने का शौक बढ़ रहा था। किताबे पढ़ पढ़कर तो उसका जी नहीं भरता था वह बहुत बड़ा अफ़सर बनना चाहता था। पटवारी का पद उसके सामने बहुत ही छोटा था। बहुत से नए विषय शुरू हो गए थे। अंग्रेजी, अलजबरा, ज्योमेट्री का स्तर बढ़ गया था। फिज़िक्स कमेस्ट्री बिल्कुल नए थे। बहुत मेहनत की जरूरत थी। छुट्टियों में घर आता तो भी छत पर बैठकर पढ़ता रहता। बापू उसको जरूरत के लिए पैसे भेजते रहे अब तो वह टूर्नामेंट में मुक्तसर, फिरोज़पुर, फरीदकोट, मोगा वगैरा जाते रहते। बाल भी बढ़िया तरीके से कटवाते, तेल लगाकर कंघी करते सूरज जगह-जगह की सैर करके बहुत चकित होता। गाँव से बाहर की दुनिया इतनी खूबसूरत होती है उसे अन्दाजा भी नहीं था। लाहौर देखने की तमन्ना थी किन्तु वहाँ मैच खेलने का प्रोग्राम नहीं बन पाया जो बच्चे अपने माता-पिता के साथ लाहौर अमृतसर घूमने जाते कहानियाँ सुनाते "जिसने लाहौर नहीं देखा, समझ लो पैदा हीं नहीं हुआ"। वह अपने बापू का बहुत अहसान मंद था जो अपने खेतों की कमाई में से उस पर इतना धन खर्च करके उसका जीवन संवार रहा था। छोटे भाईयों को भी पढ़ाना है बहनों की शादियों पर खर्च करना है। सोचता था जब पढ़ाई पूरी करके नौकरी करूँगा सब को खुश कर दूँगा। अब तो उसने जीप भी देख ली थी।

उसके भविष्य की मधुर कल्पना

होस्टल में 40 लड़के थे एक कमरे में चार-चार, खाना एक कमरे में बैठकर इकट्ठे खाते थे। एक दूसरे के दुख-सुख की खबर रखना, घर परिवार की बाते करना, हँसना और गीत गाना कभी-कभी

एक दूसरे की पढ़ाई में सहायता करना यह चार बच्चे तो पक्के दोस्त बन गए थे। यहाँ पर घंटी बजने के बाद टीचर बदल जाते थे, एक-एक विषय के लिए अलग टीचर, उनका किसी बच्चे के साथ कोई व्यक्तिगत् सम्बन्ध नहीं था, जो था भी, वह आखिरी घंटी बजने के बाद समाप्त हो जाता था। ठीक सात बजे पहली घंटी बजती, प्रार्थना होती, लाईन में खड़े-खड़े हाजरी ली जाती आखिरी घंटी में पूरे स्कूल की सांझी ड्रिल और पीटी, बिखरने से पहले सुबह वाली प्रार्थना।

उसके बाद होस्टल का जीवन शुरू होता, स्कूल के साथ वाली बिल्डिग में होस्टल था, बीच में छोटी सी दीवार थी। उसे कूद कर खेलते रहते, बहुत से पेड़ थे उनके नीचे ग्रुप बनाकर बातें करना अच्छा लगता। कभी कोई एक तरफ अकेला बैठा होता तो उसके पास जाकर उसका दिल बहलाते, उसकी उदासी दूर करते। होस्टल में 40 लड़कों के लिए एक वार्डन, एक चपरासी और 3, 4 का रसोई का स्टाफ था। उसका अपने गाँव से लगाव कम न हुआ छुट्टियों में वहीं अलबेला सूरज, गाँव में आकर फुटबाल खेलता, कबड्डी और कुश्तियों में भाग लेता, छोटे भाई को पढ़ना बिल्कुल पसंद नहीं था उसके साथ कंचे और गुल्ली डंडा खेलता, पतंग उड़ाता।

मैट्रिक फर्स्ट डिवीजन में पास करने के बाद मोगे जाकर डी.ए. वी कॉलेज में बी.एस.सी. में दाखिला लिया, घर से सफर लम्बा हो गया था इसलिए लम्बी छुट्टियों में ही घर जाता। गाँव से मंडी तक पैदल अथवा ऊँट पर आना, उसके बाद छोटी लाईन की गाड़ी से एक घंटा लगाकर भठिंडा तक आना वहाँ से दिल्ली से आने वाली पंजाब मेल पकड़कर कोट कपूरा पहुँचना वहाँ से बस स्टैंड तक पैदल पहुँचना कभी-कभी टांगा पकड़ लेना, वहाँ से मोगा की बस पकड़ना और उतरकर पैदल होस्टल तक जाना, कंधे पर सामान और किताबें लादकर, साथ में माँ का बनाया हुआ पंजीरी का डिब्बा। एक बहुत बड़ा अभियान था, जिसे पूरा करने में सारा दिन खत्म हो जाता

था। यहाँ तो कंप्टीशन और भी बढ़ गया था होस्टल का 25 रु. खर्चा 10 रु. महीने की फीस लगभग 50 रुपया मंगाना पड़ता घर से, अब तो निश्चित था। अफसर बन ही जाएगा, कभी न कभी अपनी जीप भी खरीद लेगा, गाँव में लाकर सबको घुमाऊँगा। यह अब केवल सपना ही नहीं था, हकीकत बनने जा रहा था, कालेज के हर एक प्रोग्राम में हिस्सा लेता, नदी थोड़ी दूर थी तो भी रविवार को जाकर कुछ लड़के मिलकर न्हाते और तैरने जाते।

अब तक भारत आज़ाद हो चुका था। शहरों में तो काफी तरक्की हो रही थी, लोगों का जीवन स्तर सुधर रहा था पर गाँव में कुछ भी न बदला, न ही लड़कियों का स्कूल खुला, न ही मंडी तक सड़क बनाने की स्कीम बनी, गाँव का स्कूल भी वैसे ही चलता रहा घर में जरूर तरक्की हो रही थी, हर 2, 3 वर्ष बाद एक छोटा भाई या बहिन आ जाती, सूरज के घर आने पर उसके आस-पास नाचते, बातें करते सूरज उनके लिए गेंद, गुड़िया और कपड़े लाता और हँस खेल कर वापिस चला जाता।

बी.एस.सी. पास करने के पश्चात् बापूजी ने समझाया, बस अब तुमने बहुत पढ़ लिया है, अब कोई सरकारी नौकरी शुरू कर ले, यदि पुलिस में मिल जाए तो बहुत बढ़िया होगा, सुना है इस महकमें में ऊपर की कमाई बहुत है। साथ ही समझाया, शादी भी कर ले, बड़े-बड़े घरों से रिश्ते आ रहे हैं, दाज-दहेज बहुत देंगे, पर सूरज की उम्मीदें बहुत बढ़ गई थी अब तो वह I.A.S. में जाना चाहता था पर घर में ज्यादा बच्चे होने से खर्चा बढ़ गया था। बापू जी 50 रु. महीना से ज्यादा देने को तैयार नहीं थे।

मंडी वाला लाला भी अपनी पाईमरी पास लाजो के लिए उस पर उम्मीद लगाए बैठा था। उसने बापू से सौदा करना शुरू किया जितना मर्जी दहेज मांग लो, 50 तोले सोना दूंगा, दहेज के सामान से तुम्हारा घर भर दूंगा। सूरज जब तक चाहे पढ़ता रहे 100 रु. महीना देता रहूंगा, पर सूरज तो लाजो को इस नजर से देखता ही नहीं था, ठीक है मंडी

के स्कूल में वह जब भी उनके घर जाता, उससे खेलता, उसकी हँसी उसे अच्छी लगती थी पर शादी के बारे में सोचने की इच्छा नहीं थी।

वह चाहता था और पढ़ाई करूँ और अच्छी नौकरी मिलने के पश्चात किसी पढ़ी लिखी लड़की से शादी करूँ। 50 रु. महीना में आगे की पढ़ाई मुश्किल जान पड़ती थी। उसने दिल्ली आकर पार्ट टाईम नौकरी कर ली कभी-कभी ट्यूशन भी कर लेता।

S.N. Das Gupta College लाहौर से शिफ्ट होकर दिल्ली आ गया था। वहाँ विभिन्न विषयों के लिए क्लासें लगती थी, कम्पटीशन कोर्स के बारे में भी ज्ञान देते थे, वहाँ पर उसने शाम को पार्ट टाईम साइंस टीचर का काम सम्भाला। इतने में इन्जीनियरिंग में भी दाखिला मिल गया वहीं दिल्ली में ही उसका काम बन गया और चार वर्ष के बाद इन्जीनियरिंग की पढ़ाई पूरी कर ली, बैंक में भी काफी पैसे जमा हो गए। नौकरी मिलने तक गुजारा होता रहा।

6

आज़ाद भारत में विकास की झलक

अब देश आजाद था, लाहौर पाकिस्तान में जा चुका था। वहाँ रहने और पढ़ने की तमन्ना पूरी न हो सकी। गांधी जी राम राज्य लाने के लिए भाषण देते थे। नेहरू जी समाज के स्तर को ऊँचा उठाने के लिए इन्डस्ट्री बढ़ाने की बात करते थे। नौजवानों के लिए ऊँची शिक्षा, खेती बाड़ी के नए-नए तरीके, उपज बढ़ाने के साधन, उच्च शिक्षा संस्थान और बड़े-बड़े कल-कारखाने खोलना चाहते थे और इन्हें ही वह राम राज्य के स्तंभ समझते थे, जिनके झंडे उन्मुक्त आकाश में गर्व से लहराऐंगे, जनता को खुला अनाज मिलेगा, पक्के घर बनेंगे, स्वास्थ्य सेवाओं का विकास होगा। लड़के-लड़कियों को बराबर की शिक्षा मिलेगी। इस तरक्की को लाने के लिए दूसरे देशों से समझौते किए, उनसे मशीनें मंगवाई, देश के इन्जीनियरों को ट्रैक्नीकल ट्रेनिंग के लिए विदेश में भेजा, एक्सपर्ट बुलाए गए ताकि अपने ही देश की मिलों में कपड़ा बने, सीमेंट फैक्ट्रीयाँ, खाद की फैक्ट्रीयाँ बनाकर देश को हर प्रकार से आत्म निर्भर करने के लिए मेहनत की, जमीन के नीचे पाइपें डालकर सफाई के क्षेत्र को सुधारा। नेहरू, पटेल और सुभाष तो नौजवानों के आदर्श थे किन्तु भगत् सिंह की फांसी के बाद बहुत से नौजवान गांधी जी को अपना रहनुमा मानने में हिचकिचा रहे थे। हालांकि तिलक, गोखले, मालवीय जी का वह बहुत सम्मान करते थे।

देश के नौजवान नेहरू जी के भाषण सुन-सुन कर इन कारखानों में काम करने के लिए उत्सुक हो रहे थे। अपनी योग्यता से आम आदमी के जीवन में सुधार लाने के लिए देश की तरक्की में अपना योगदान देना चाहते थे।

इन फैक्ट्रीयों में नौजवानों को 24 घंटों की तीन शिफ्टों में काम करना पड़ता था वह स्वयं तो इस प्रकार की रूटीन से समझौता कर रहे थे, घर से दूर, टीन के कमरों में रहकर, होटल कैंटीन से खाना खाकर, किन्तु बच्चों और पत्नि को घर छोड़ कर फौजियों की तरह कभी-कभी छुट्टी लेकर मिलने जाते, बड़ा मुश्किल लगता था और जब तक सबको फैमिली क्वाटर नहीं मिल गए, जीवन नॉर्मल नहीं हो पाया।

सूरज भी इन नौजवान इंजीनियरों की तरह मेहनत करने के लिए तैयार था और समाज के स्तर को ऊँचा उठाने के लिए अपना योगदान देना चाहता था।

गाँव में सूरज की तरक्की की बात सुनकर रिश्ते लाने वालों की लाईन लग गई वह गाँव, जिसमें कोई अपनी लड़की की शादी करने को तैयार नहीं था, अचानक यहाँ की बालू में उफान आ गया, लगा, सूथबी की बोली लगने वाली है और एक से एक धनवान इस बोली में भाग लेने के लिए पहुँच रहे थे।

पर अफसोस दूर-दूर तक कोई B.A. पास लड़की नहीं थी। दूर के शहरों में कोई न कोई मैट्रिक पास ही मिल रही थी अपनी जाति-बिरादरी में।

दूर के एक रिश्तेदार ने सूरज को रूपा के बारे में बताया, कहा, एक लड़की है B.A. से भी ज्यादा पढ़ी हुई, बहुत होशियार है और गाँव की लड़कियों की तरह सीधी सादी, उससे उसका पता लिखवाकर उनके घर पहुँचा दिया। वह भी इस गाँव में जाने को तैयार नहीं थे, समझाया गया कि लड़के की नौकरी तो शहर में ही लगेगी कभी-कभी 2, 4 दिन के लिए गाँव जाना पड़ेगा ऊँट पर चढ़कर, पर बसें भी जल्दी शुरू हो जाएँगी, सरकार की स्कीमें है, हर एक गाँव को सड़क द्वारा शहर से जोड़ने की, बसें चलाने की और फिर भी उसने कौन सी नदी पर जाकर पानी भरकर लाना है या गोबर के उपले बनाने हैं। आपको धन दौलत वाले परिवारों के शहरी लड़के तो बहुत मिल जाएंगे परंतु यह लड़का लाखों में एक है इससे अच्छा मिल नहीं

सकेगा कहीं भी, समझ लो हीरा है। रूपा को भी सुनकर बड़ा अजीब लगा दिल्ली पढ़ने वाले लड़के के गाँव जाकर तालाब का पानी पीना पड़ेगा, 5 कोस ऊँट पर चढ़कर गाँव जाना पड़ेगा। कभी-कभी तो ठीक है, चलो पिकनिक ही सही, परंतु जिन्दगी भर न बाबा, ना। किन्तु जब उसका बड़ा भाई जो दिल्ली में अफसर था। उसके हाथों से लिखी हुई पर्ची से पता लेकर होस्टल पहुँचा तो पसंद कर आया और माता-पिता को संदेश भेज दिया। लड़का बहुत बढ़िया है रूपा के मुकाबले का कोई लड़का अपनी जाति बिरादरी में दूर-दूर तक नहीं मिलेगा, तो वह मान गए।

सूरज की शर्त थी, पहले लड़की देखनी है और बात भी करनी है पर उसे मना लिया गया, बस दूर से देख लेना, नहीं तो लड़की को बताना पड़ेगा, शायद वह पसंद न करे, और रिवाज भी नहीं है।

किसी रिश्तेदार के घर 27-1-52 को उसे दिखा दिया गया। सूरज ने हल्का सा मुस्करा कर एक दो बार झांका और पसंद कर लिया, उसके बाद चला गया। बाकी सबका पिक्चर देखने का प्रोग्राम था "आवारा" राजकपूर और नर्गिस की जोड़ी उन दिनों लोगों के दिलो-दिमाग पर छाई हुई थी और पिक्चर खूब चल रही थी। घर आए तो बहनोई ने पूछा आवारा पिक्चर कैसी थी? अच्छी थी, जवाब दिया और आवारा कैसा था? वह अचकचा गई कौन, कौन आवारा? राजकपूर! नहीं वह जो मेहता के घर बैठा था, वह तुझे देखने आया था, पसंद है? वह शर्मा कर अंदर चली गई यह सोच लिया गया, लड़का उसे पसंद है। नहीं तो वह झगड़ा कर बैठती, इस चीटिंग के लिए उसे याद आया, वह लड़का एक हल्की सी मुस्कान के साथ उसकी ओर देख रहा था, सोचा चलो ठीक है देखी जाएगी।

सूरज ने अपने घर संदेश भेज दिया कि मुझे यह लड़की पसंद है बात पक्की कर लो पर बापू खुश नहीं था वह बात पक्की करने से पहले दहेज के बारे में बात करना चाहता था, पर सूरज ने मना कर दिया।

जब सूरज अगली बार घर आया तो रूपा के पिता को बुला लिया गया। उसे साफ-साफ बता दिया गया कि शादी अच्छी तरह करना, हमारी इज्जत रखना किसी प्रकार की कमी नहीं होनी चाहिए सम्मान में, आपको बत दूँ कि मैं इस पर पाँच बरस की उमर से खर्च कर रहा हूँ और अपनी जमीन की सारी कमाई इसकी पढ़ाई पर लगा दी है अपनी बिरादरी में 100 कोस तक इतना पढ़ा लिखा लड़का नहीं मिलेगा। रूपा के पिता ने कहा सेठ जी। जो कहोगे कर लेंगे, आपकी और हमारी इज्जत कोई अलग तो नहीं? हम पूरा जोर लगा देंगे, पूरा जोर का मतलब दोनों ने अपने-अपने हिसाब से लगा लिया। दोनों खुश थे, कोई सौदा तो हुआ ही नहीं था। सूरज के हाथ में एक चाँदी का रुपया पकड़ाकर और मिठाई का डिब्बा देकर बात पक्की हो गई 26/5/52 को, कोई बाजे गाजे नहीं, रिश्तेदारों की कोई रौनक नहीं, बस गाँव की लड़कियों ने गीत गाए और हँस-हँस कर त्योहार मना लिया। लड़की को न तो रुपया देने का रिवाज था, न ही अंगूठी बदलने का, न ही उसे कोई देखेने आया, यह तो एक समझौता था इज्जतदारों का और सूरज की मर्जी का।

अगली बार जब रूपा दिल्ली आई, पता चला सूरज उससे मिलना चाहता है और उसका भाई मान नहीं रहा, कहा यह रिवाज नहीं है हमने आपकी बात मान कर लड़की दिखा दी है तुम्हारे रिश्तेदार ने देख ही रखी है। पता नहीं वह कैसे React करेगी। मेरी बात मानो, वह बहुत इन्टैलीजेन्ट है उसने अब बी.टी. भी पास कर ली है। पक्की सरकारी नौकरी है। उसकी बात मानी नहीं गई जब वह उनके घर डिनर पर आया, रूपा दिल्ली में ही थी, पर वह कमरे में बैठी रही।

हैं, हर एक शब्द समुद्र की लहरों की तरह उन रेत के टीलों के मूड़ बदल देता है, जहाँ उन्हें शादी के बाद मिलना है। टीले कभी छोटे कभी बड़े, एक पल यहाँ, दूसरे पल वहाँ, खुशियों के ऊँचे-ऊँचे पहाड़ खड़े हो जाते हैं।

वह एक दूसरे को देखना चाहते थे दूर से एक अनजान मुसाफिर की तरह देखा था, पूरी तरह चेहरा याद नहीं आ रहा था। चेहरा बार-बार बदल जाता पर वह एक दूसरे को प्रेम करते थे यहाँ चेहरों की कोई अहमीयत नहीं थी, कल्पना में ही उन्हें असली चेहरा ऐसा ही लगता था जैसे–नए-नए पत्तों से लदे हुए पेड़, पक्षियों के सुरीले गीत, झरनों की कल-कल ने उनके दिलों को झकझोर दिया, फूलों की खुशबू पूरी कायनात में फैल गई। यह संदेश उसकी ओर से नहीं था, जो गुमनाम किसी के दिल पर दस्तक देना चाहता था। दोनों को एक दूसरे का असली पता मिल गया और पत्र व्यवहार शुरू हो गया। यहाँ कोई सामाजिक बन्धन नहीं था कोई रोकने वाला नहीं था जो रिवाजों की याद दिलाता कि एक दूसरे से बात नहीं करनी, वह तो एक दूसरे के दिल में धक्का मारकर प्रवेश कर गए थे और कभी न समाप्त होने वाली प्यार की हलचल को अपने में समेट लिया था जिसे किसी किस्म की दूरी कम नहीं कर सकती।

कानपुर 26/1/53

रूपा जी! मुझे आशा है आप इस पत्र की भावना को सही ढंग से स्वीकार करोगे। तुम्हें पता है हमारी शादी कुछ दिनों बाद होने वाली है। मैं अपना फर्ज समझता हूँ कि तुम्हारी सहमति प्राप्त कर लूँ–जीवन का यह पहलू हम दोनों के जीवन पर असर करता है। मेहरबानी करके वापसी डाक खुल कर जवाब दो, मैं तुम्हें पसंद हूँ कि नहीं? आप बहुत अधिक पढ़े हुए हो इसलिए अपने बारे में फैसला करने में तुम्हें कोई संकोच नहीं होना चाहिए। यदि मेरे बारे में कुछ जानना चाहते हो तो लिखो–मुझे तुम्हें सब कुछ बताकर बहुत

खुशी होगी। यह पत्र बिल्कुल मेरी ओर से है और तुम्हारा उत्तर भी केवल तुम्हारी ओर से ही होना चाहिए।

शुभ इच्छा सहित सूरज

जींद 31/1/53 4.15 pm.

सूरज जी

यह मेरे लिए एक आश्चर्यजनक प्रसन्नता थी कि तुम्हारा पत्र मिला। मैं तो जबसे हमारी मंगनी हुई है। इस तरह के किसी संदेश की प्रतीक्षा में थी, आपने मेरी सहमति मांगी है। यदि मुझे यह रिश्ता मंजूर न होता तो मैंने कब का इंकार कर दिया होता, किन्तु मुझे अपने दिल पर विश्वास था "जिसमें हर प्रकार की परिस्थिति का सामना करने की शक्ति है" मैं तुम्हें अपने जीवन साथी के रूप में पाकर बहुत खुश हूँ। अगस्त में मेरी बड़ी बहन ने मुझे बताया था कि आपने मुझे बी.टी. में पास होने की बधाई भेजी है, मैंने अपना धन्यवाद दिल में सम्भाल कर रखा हुआ है, जो अब भेज रही हूँ। मुझे जितना भी तुम्हारे बारे में पता है, मेरे लिए काफी है। मैं उससे संतुष्ट हूँ। कानपुर कैसा शहर है? आपका नित्य का क्या-क्या प्रोग्राम रहता है? मेरा उत्तर केवल मेरी ओर से ही है, आशा है आप भी इसे अपने तक ही सीमित रखेंगे और किसी के साथ नहीं बाँटोगे।

शुभ इच्छा के साथ रूपा

कानपुर 3/2/53

प्यारी रूपा

मुझे तुम्हारी सहमति प्राप्त करके खुशी हो रही है। अब इस बात का कोई मतलब नहीं कि तुम्हारे में या मुझमें कोई कमी है। आखिरकर हम इन्सान हैं। कोई भी बिल्कुल पूरा नहीं होता। आइए हम एक दूसरे के गुण दोषों की परवाह न करते हुए एक दूसरे को अपना समझ ले। तुम्हें अपने साथी के रूप में प्राप्त करके मुझे बहुत खुशी हो रही है। मुझे ऐसे ही साथी की आवश्यकता थी जो मेरी इच्छाओं

कानपुर 7/2/53 11.00 pm.

प्यारी प्यारी वीणा

तुम्हारा पत्र प्राप्त करके मेरी खुशी की सीमा न रही तुम्हारी चिट्ठी आने पर ऐसा लगता है तुम मेरे पास ही बैठी हुई हो। मैं भी तुम्हारी तरह उन धुंधली रेखाओं की तस्वीर बनाने की कोशिश करता हूँ। रेखाओं को साफ करने के लिए मैं अपनी फोटो भेज रहा हूँ तुम भी अपनी फोटो भेज दो ताकि उन परछाईयों में से तुम्हें ढूँढ सकूँ।

मैं तो तुम्हारे अक्षरों द्वारा ही तुम्हारे दिल में झांकने का प्रयत्न करता हूँ। मुझे गर्व है मुझे तुम्हारे जैसा साथी मिला। अब हम अपने आप को एक दूसरे से अलग नहीं कर सकते ना ही दिल की बात छुपा सकते हैं।

तुम्हारी कहानी मैंने कई बार पढ़ी तुम्हेारी "इन्ट्रव्यू" का वर्णन बड़ा दिलचस्प है। मैं भी तुम्हें बताऊँगा उस दिन मैं क्या-क्या सोच रहा था। मेरे विचार भी इस कहानी में मिला लेना, इसे हम अपनी यादगार बनाकर रखेंगे।

तुमने बन्दरों का सैंपल भेजने के लिए पूछा है। कष्ट करने की जरूरत नहीं जब भी रक्षा मंत्रालय वाले सप्लाई और डिस्पोज़ल महकमे की ओर से बन्दरों का सैम्पल मंगवाऐंगे और जींद से किसी का टैंडर पास हो गया तो मेरे पास टेस्टिंग के लिए आ ही जाएगा।

हमारे काम करने के घंटे तुम्हारे से बहुत ज्यादा है, तुम तो बच्चों से डील करती हो–हमें तो सारा दिन केमिकल्स, इन्सट्रूमेन्टस और फाइलों से डील करना पड़ता है हम दोनों का मेल आर्ट और साइंस का मेल है जिस पर दुनिया रशक करेगी।

प्यारी रूपा, मुझे तुम पर तरस आता है कि नादिरशाही हुक्मनामे की वजह से तुम्हें M.A. की तैयारी बंद करनी पड़ी। मैंने तो अभी किसी को नहीं लिखा कि मेरी शादी 13 अप्रैल को कर दो। चाहे मैं दिल से चाहता हूँ कि जल्दी हो जाए। मैं तो अभी भी इंतजार कर

सकता हूँ, परीक्षा देनी है तो दे लो। यहाँ पर खाने की बहुत तकलीफ है पर यह तो बताओ खाना बनाना आता भी है कि नहीं?

मुझे खुशी हुई कि तुम अपने खाली समय में कविता और कहानियाँ लिखती हो। मैं उन्हें पढ़ना चाहता हूँ। मुझे बोटिंग का शौक है। दिल्ली कालेज ऑफ इन्जीनियरिंग में मैं वोट कल्ब का मैम्बर था, हम लोग यमुना नदी में बोटिंग करने जाते थे। आजकल मैं बोटिंग के लिए गंगा नदी पर जाता हूँ।

एक बात खुल कर बताओ यदि शादी में कुछ स्पैशल इंतजाम करवाना चाहती हो तो हो जाएगा।

प्यार सहित, तुम्हारा अपना राकेश। "आवारा"

जींद 9/2/53 9.00 pm.

मेरे सपनों के साथी! लम्बी चिट्ठी के लिए शुक्रिया। आज मैं भी तुम्हें बहुत लम्बी चिट्ठी लिखना चाहती हूँ कि पढ़ते-पढ़ते रात खत्म हो जाए पर तुम्हें सुबह दफ्तर जाना है इसलिए अपने पैन पर कंट्रोल करूँगी।

तुम्हारी फोटो प्राप्त करके मुझे बेहद खुशी हुई। मुझे पता नहीं लग रहा है कि तुम्हारी स्वपन भरी आँखों में क्या जादू है कि मैं देख-देख कर पागल हो रही हूँ। मुझे अफसोस है मैं फोटो नहीं भेज सकती क्योंकि मैंने कभी खिंचाई हीं नहीं। मुझे डर था घर वाले किसी लड़के को दिखा देंगें। मैं तो पक्षियों की तरह आजाद रहना चाहती थी। मैं कोशिश करूँगी पर वायदा नहीं करती क्योंकि जींद शहर में कोई फोटोग्राफर ढूँढ़ना पड़ेगा हमारी दुनियाँ तो घर और स्कूल तक ही है, जो पास-पास है। कोई टीचर साथ जाने को तैयार हुई तो देख लेंगे वैसे फिक्र न करो, मेरी शक्ल इतनी भी खराब नहीं।

तुमने पूछा है खाना बनाना आता है कि नहीं? पढ़कर हँसी आ गई सो मेरे हजूर–हमें वह सब काम आते हैं जो गृहस्थी चलाने के

तुम्हारे सामने अपना दिल खोलकर रखना चाहता था ताकि तुम मुझे घाटे का सौदा न समझो और तुम्हें भी पूरा मौका देना चाहता था कि अपने जीवन के बारे में अपने भविष्य के बारे में फैसला कर सको। अपना अड्रैस भी तुम्हारे घर मैंने ही तो भिजवाया था।

रूपा। मैं एक ऐसा नौजवान हूँ जो तुम्हारी योग्यता ओर काबलियत का कायल है। बाहर से जो भी हो मेरे सामने उसकी कोई अहमियत नहीं, कौन जानता है तुम्हारे अन्दर क्या-क्या विशेषताएँ छुपी हुई हैं। मैं तुम्हें इसलिए प्यार करता हूँ क्योंकि मैं तुम्हारी इज्जत करता हूँ।

उस समय मैंने तुम्हारे भाई से साफ-साफ कह दिया था कि मेरे बारे में सब कुछ बता देना, पता नहीं उसने तुम्हें कुछ बताया भी है कि नहीं? उम्मीद है तुम समझ गई होगी कि मैं तुम्हें कितना पसंद करता हूँ, उस इर्न्टव्यू का इसमें बहुत कम रोल था।

प्यारी रूपा। मुझे कोई शक नहीं तुम घर गृहस्थी चला सकती हो या नहीं। मैं सपनों में कई बार टैस्ट ले चुका हूँ। तुम्हारा बनाया हुआ स्वैटर पहन कर जब मैं दफ़्तर गया तो मेरे दोस्तों ने उसकी बहुत तारीफ की—कहने लगे बड़ा स्मार्ट लग रहा है, कहाँ से खरीदा है? पर सपनों से बाहर आकर तो तुम कभी नजर ही न आई।

मैं खुश हूँ कोई, कहीं न कहीं, मुझ पर अपना प्यार और मीठी बातों की बरसात करने को तैयार है। मैंने इंटरव्यू के पात्रों का नाम यह सोच कर लिखा था कि शायद तुम्हें यह नाम पसंद है। ठीक है सरकार। गुस्सा मत करो, आगे से नहीं लिखूँगा, लो अभी से छोड़ दिया।

मेरी डार्लिंग—मैं इन आज के युग की पढ़ी लिखी परियों के बारे में कोई अच्छे विचार नहीं रखता मुझे गर्व है तुम भी मेरी तरह सीधी सादी हो। मैं तो एक बहुत ही पिछड़े गाँव से आता हूँ जहाँ सादा जीवन ही असली जीवन है। मुझे शहरों की जिंदगी भी भूली हुई नहीं क्योंकि मैंने शहर और गाँव के जीवन को पूरा-पूरा जिया है और बहुत कुछ देखा है खुद भी भुगता है।

मेरी खुशकिस्मती है कि मैं तुम्हारे काबिल बनने के लिए इतना पढ़ सका मेरे माता-पिता भी मुझे बहुत प्यार करते हैं क्योंकि मैं उनका पहला बेटा हूँ और बचपन से ही अधिक समय घर से बाहर रहा हूँ।

मैं तुम्हारे प्यार का बोझ महसूस कर रहा हूँ क्योंकि तुम्हारी लम्बी चिट्ठी को छुड़ाने के लिए मुछे दो आने का जुर्माना भरना पड़ा कोई बात नहीं और भी लम्बी लिखो मैं जुर्माने भरने के लिए तैयार बैठा हूँ।

मुझे तसल्ली हो गई है कि तुम भी मेरी तरह बेमतलब की रस्मों में विश्वास नहीं करती मैंने तो पहले ही अपने बापू जी को बता रखा है कि इन दहेज देने वाली पार्टियों से बचकर रहें, तुम्हें पता नहीं रूपा। इस मामले में मैंने कितने रिश्तेदारों को नाराज किया है यह एक लम्बी कहानी है कभी मिलकर बैठेंगे तो सुनाऊँगा।

मुझमें हिम्मत है इन सामाजिक बुराईयों से लड़ने की, मुझे डर था तो केवल तुम्हारी ओर से कि शायद तुम यह पसंद न करो इस लिए चुप था। मैं भी ऐसा ही कोई प्रोग्राम बनाऊँगा और तुम्हें बता दूँगा रूपा जी। यह खाली बातें नहीं हैं। पक्का वादा है।

वैसे एक बात बताओ यह 13 अप्रैल की तारीख तुम्हें कहाँ से मिली वैसे बापू जी ने एक बार लिखा था वैशाखी के बाद कोई शुभ दिन नहीं पर यह कोई पक्का नहीं था। तुम्हीं बताओं कौन सी तारीख सूट करती है। शादी उस दिन को ही फिक्स कर लेंगे।

तुम्हारी कविता "प्रीत-संदेश" पढ़कर मेरी खुशी का ठिकाना न रहा, यह कविता क्या वाकई तुमने लिखी है? कितने ऊँचे विचार हैं तुम्हारे असल में मैं ऐसे ही साथी की तलाश में था, मेरी किस्मत अच्छी है कि मेरी तलाश पूरी हो गई है। मैं तुम्हारी सभी कहानियाँ और कविताएँ पढ़ना चाहता हूँ।

मेरा शौक है बोटिंग करना, पर मुझे गाना नहीं आता, उम्मीद है जब हम बोटिंग करने जाया करेंगे। तुम मुझे गीत सुनाया करना।

में हाई स्कूल खोला तो कोई लड़की ही नहीं मिल रही थी पढ़ाने के लिए, सातवीं पास करने के बाद मैं अपनी बड़ी बहन के पास चली गई थी, वहाँ से मिडिल स्टैंडर्ड की परीक्षा दी। पंजाबी मीडियम छोड़कर हिन्दी सीखनी पड़ी। मुझे वहाँ से विशेष तौर से बुलाया गया राजा की कार भेजकर और नौवीं में दाखिल किया बस नौवीं दसवीं में अकेली थी। टीचर आते, घंटी बजने पर बदल जाते मेरी पढ़ाई इतनी पक्की हो गई कि सारी उमर स्कूल कालेज जाने की जरूरत नहीं पड़ी। आपको सुनकर आश्चर्य होगा। वहाँ के हिन्दू समाज ने प्राईमरी स्कूल खोला लड़कियों का और हिन्दी जानने वाली भी मैं अकेली ही थी शहर में। 1946 में मैट्रिक पास करते ही मुझे हेड मिस्ट्रैस बनाकर स्कूल खोल दिया गया, पता है तनख्वाह कितनी थी 50 रु. महीना, जो बढ़कर 60 हो गई थी। पैपसू गवर्नमेंट की नौकरी शुरू की तो 85 रु. 1950 में, उन दिनों के हिसाब से बहुत थी।

वास्तव में तुम्हारे बारे में मुझे किसी ने कुछ नहीं बताया, रात को खाना खाने के बाद हमारी बड़ी बहन और भाई बातें करते हैं और मैं सोए-सोए मुँह ढककर सुन लेती हूँ बिना हिले डुले।

मुझे प्रसन्नता है आपने पत्र व्यवहार शुरू करने की हिम्मत की, चाहे पहला गुमनाम पत्र तो मैंने ही भेजा था, एक परदेसी की ओर से सहारनपुर से और तुमने भी ठीक ही समझा, पर अफसोस घरवालों ने किसी की शरारत समझ कर फाड़ दिया। मुझे खुशी है अब हम आपस की सहमति से मिलेंगे न कि एक दूसरे के दरवाजे पर धक्का मारकर।

मैंने तो अपने को तैयार कर लिया था—चलो जो भी है ठीक है। बाद में देखी जाएगी। शादी तो घर वाले करके ही छोड़ेंगे पर अब ऐसा लग रहा है सागर की उन्मुक्त लहरें उछल-उछल कर पूर्णिमा के चाँद को मिलने के लिए बेताब हो रही हैं और उसे पकड़ने की कोशिश कर रही हैं।

शादी के लिए हमें तो कोई भी डेट सूट कर जाएगी पर ध्यान रखना फर्स्ट अप्रैल न हो–अपनी फोटो मैं शायद अगली चिट्ठी में भेज सकूँगी यदि कोई सहेली साथ जाने को तैयार हुई।

आप गप्प लगा रहे हो कि तुम्हें गाना नहीं आता मैंने तो कई बार सपनों में सुना है कुछ-कुछ ऐसे–"मेरी दुनियाँ में तुम आई। मैं छूना चाहूँ–छू न सकूँ।"

आपने लिखा है–मैं किश्ती चलाऊँगा तुम गाना गाना, मुश्किल काम है मेरे सूरज! तुम्हारे सामने मुझसे गाया नहीं जाएगा मैं तो बाथरूम सिंगर हूँ। माफ करना मिस सबरवाल के कारण एक दिन लेट पोस्ट कर रही हूँ।

तुम्हारी रूपा

कानपुर 18/2/54 9.00 pm.

बहुत प्यारी रूपा

इस बार तुम्हारी चिट्ठी बहुत इंतजार करने के बाद मिली पूरे 48 घंटे लेट, तुम्हारी बी.टी. वाली कविता पढ़कर मैं हँस हँस कर बेहाल हो गया और पूरे दिन की मेहनत की थकान दूर हो गई–एक बात का गुस्सा मत करना तुम्हारी चिट्ठी ज्यादा लेट इस लिए भी मिली क्योंकि बहुत भारी थी और पोस्ट मैन दो आने का जुर्माना लिए बगैर देता नहीं। मुझे तुम्हारी लम्बी चिट्ठी बहुत अच्छी लगती है। कृपा करके एक आने की टिकट और लगा दिया करो ताकि पोस्टमैन मेरे कमरे में डाल जाए दरवाजे के नीचे से, और मुझे आते ही मिल जाए।

प्यारी रूपा! मैं कोई ज्योतिषी नहीं पर मैं बता सकता हूँ इस समय तुम क्या सोच रही हो तुम पिछली सब बातें भुलाकर आने वाले समय की खुशियों के बारे में सोच रही हो जिसमें प्यार के सागर भरे होंगे और मैं चोर की तरह उसमें डुबकी लगाकर सारे खजाने देखना चाहता हूँ।

तुम्हारा यह कहना कि कोई किसी भी आइने में देखे–जैसा होगा वैसा ही दिखाई देगा, बिलकुल गलत है। मैंने तो ऐसे आइने भी देखे हैं जिसमें अच्छा भला इंसान भूत जैसा लगता है और इस तरह का टेढ़ा-मेढ़ा कि तुम सोच भी नहीं सकती मैंने कभी झूठ नहीं बोला और तुम्हारे सामने तो बिल्कुल नहीं बोलूँगा मैं तो समझता हूँ सुन्दरता देखनेवाले की नजरों में होती है चलो देख लेंगे किसकी परछाईं किसको ज्यादा सुन्दर बनाती है। तुम्हारी कविता के कुछ अंश तो बहुत ही मनोरंजक थे। "हमारी हिस्ट्री" में जब तुमने लिखा–

वह भी दिन थे जब हमने
अपनी पास करी थी B.A.,
अरमान जगे चलकर बन जाएँ
राष्ट्रपति के PA,
यह सोच के सभी महकमों में,
हमने कर दिया था apply
पर क्लर्क भी न जब बने कहीं, तो होश तभी हमको आई

जब तंग आए बेकार बैठ सोचा चलकर करले बी.टी., यदि साहब नहीं तो देश भगत् ही बन जाएँ कर ले बी.टी.।

मुझे इस लिए भी ज्यादा हँसी आई क्योंकि मैं यह सब स्वयं झेल चुका हूँ सन् 1948 में मोगा के D.A.V. कालेज से B. Sc करने के पश्चात् मैंने सब जगह प्रार्थना पत्र भेजे, जगह-जगह इंटरव्यू दिए, पुलिस और मिलिटरी में भी कोशिश की, कहीं नौकरी न मिली–मेरे एक दोस्त का पिता आर्या हाई स्कूल सिरसा में हेड मास्टर था–उसने कहा मैं तुम्हारा खास लिहाज करके अपने स्कूल में साइंस टीचर रख सकता हूँ और पता है तनख्वाह कितनी बताई 70 रुपये महीना तो मैंने सोचा चलो और पढ़ाई कर लेते हैं पर मुझे समझ नहीं आई आगे क्या करूँ, दिल्ली आकर बहुत से कंपीटीशन कालेजों में पढ़ा फिर मैंने M. Sc. B.T. और Engg. तीनों के लिए फार्म भर दिए और मुझे

सब जगह प्रवेश मिल गया और मैंने सबसे महंगी पढ़ाई Engg. को चुना, फिर भी यह कविता मुझे बहुत पसंद आई!

हमारा काम तुम्हारे से मुश्किल है तुम तो बच्चों को पढ़ाकर जल्दी खाली हो जाती हो पर हमें तो सारा दिन प्रयोगशाला में कई प्रकार के टेस्ट करने पड़ते हैं। एक छोटे से बटन में क्या-क्या डाला हुआ है। टेस्ट करने में काफी समय लग जाता है।

हमारे विभाग में पंजाबी-बंगाली और यू.पी. वाले हैं इसलिए अंग्रेजी पंजाबी, हिन्दी बारी-बारी से बोलनी पड़ती है-खैर एक दूसरे से बातें करते हुए समय बीत जाता है।

ठीक है। एक बात मानो-समझौता कर लेते हैं। मैं तुम्हें सपने में गीत सुनाया करूँगा तुम वही बोटिंग के समय सुना दिया करना।

प्यारी रूपा। मैं तो एक गरीब आदमी हूँ, तुम्हें दुनिया का ऐशो आराम नहीं दे सकूँगा। मैं पूरी कोशिश करूँगा, पर मैं तुम्हें इतना प्यार दूँगा कि समुद्र भी छोटे हो जाएँगे। कोई चार बरस पहले मैं मोगा जाने के लिए कोटकपूरा से होकर गया था। उस शहर को जल्दी देखने की इच्छा हो रही है। क्या आप मुझे स्टेशन पर लेने आओगी?

मेरी किस्मत अच्छी है मुझे डिस्टर्ब करने के लिए यहाँ कोई मिस सबरवाल नहीं, इसलिए यह पत्र आज ही लिखकर आज ही पोस्ट कर दूँगा

तुम्हारा अपना
सूरज

जींद 22/2/53 10.00 pm.

बहुत प्यारे सूरज

मैं तो तुम्हें ताना देने वाली थी चिट्ठी भेजने में इतनी देरी क्यों की पर यह तो मेरी ओर से ही हुई है। बात यह है कि मैं रात को बैठकर लिखती हूँ। सुबह स्कूल जाते हुए रास्ते में पोस्ट कर देती हूँ

यह सोचकर कि पहली डाक से निकल जाए। मुझे तो ख्याल ही नहीं आता कि एक आने की और भी टिकट लगाने की जरूरत है। आगे से ध्यान रखूँगी तुम्हारा ज्योतिष ठीक ही कहता है कि मैं आनेवाले समय में सागर से भी विशाल और गहरे प्यार की प्रतीक्षा कर रही हूँ और कुछ भी नहीं, मैं चाहती हूँ ऐसे स्वप्न नित्य आते रहे पर जागने के पश्चात् उनकी याद थोड़ी हल्की हो जाती है–लगता है कि तुम मेरा सपना चुरा कर ले गए हो। क्या बात है सूरज। तुम सपने में भी मेरे साथ छुपा-छुपी का खेल खेलते रहते हो–

यह कैसा है खिलवाड़ प्रिय?
तुम उधर खड़े मुस्काते हो।
हम इधर खड़े शर्माते हैं।
छाया को पकड़ने जब दौड़ूँ।
तुम हँस कर होते और दूर।

तुम्हारी भविष्यवाणी का मुझ पर भी प्रभाव पड़ गया है। मुझे भी पता है तुम क्या सोच रहे हो! मैं तो एक गरीब आदमी हूँ, यह लिखकर तुम बड़ी चिन्ता में बैठे हो कि जो आएगी वह महलों में रहने के लिए कहेगी, कपड़े भी परियों के देश से मंगाने के लिए कहेगी, उसके खाने पीने का खर्चा भी बहुत होगा और रोज-रोज की फरमाइशों से तंग आ जाओगे–मुझे वाकई तुम पर तरस आ गया, जब तुमने लिखा–मैं तुम्हें दुनियावी चीज़ों के सुख देने का वादा नहीं कर सकता पर मुझे बहुत अच्छा लगा जब तुमने बेइन्तहा मुहब्बत देने का वादा किया जो कभी भी कम नहीं होगी, कभी भी खत्म नहीं होगी मेरे भोले साथी। मैंने कब तुमसे किसी दुनिया के सुख की मांग की है। मुझे तुम्हारे प्यार के सिवा कुछ नहीं चाहिए और मैं भी इस काबिल रहूँ कि तुम्हें हमेशा प्यार करती रहूँ और उसका खज़ाना कभी खाली न हो, मेरे सूरज। तुम गरीब नहीं हो, तुम्हारे पास तो एक प्यार भरा दिल है–यही स्वर्ग की दौलत है जिसके सामने दुनियाँ की दौलत की कोई कीमत नहीं, मैं तो तुम्हारे प्यार से ही संतुष्ट हो

जाऊँगी और तुम्हारे जैसे अलबेले साथी से प्यार भरे सागरों के खजाने मिलने के बाद मैं हर प्रकार की कमियों और हालात को सहन कर लूँगी। तुम मेरी कविता पढ़कर हँसे अच्छा लगा।

बड़ी खुशी हुई तुम कम से कम सपनों में तो गा ही लेते हो। लेकिन मुझ पर सपनों से बाहर गाने की ड्यूटी लगा दी है—मैं तो वाकई! बाथरूप से बाहर गा ही नहीं सकती, तुम्हें स्वयं ही सपनों में सिखाना पड़ेगा, बताओ तो सही, ट्यूशन फीस कितनी लोगे। मैं तो तभी सीखना शुरू करूँगी यदि फीस मेरी शक्ति के अंदर होगी। मैंने एक गाना तो अभी-अभी सीखा है। "छोड़ बाबुल का घर, मोहे पी के नगर, आज जाना पड़ा"—अब मैं थोड़ी देर के लिए रुक जाती हूँ, दूर कोई बांसुरी बजा रहा है। मुझे यह गीत बहुत पसंद है—"ए मेरे दिल कहीं और चल, गम की दुनियाँ से दिल भर गया। ढूँढ़ ले अब कोई घर नया"—मैं तो अभी से अपने घर में उड़कर आ जाना चाहती हूँ, तुम्हारे साथ रहने के लिए।

मुझे तुम्हारी बात पर फिर हँसी आई, स्टेशन पर आकर रिसीव करने के लिए, यह भी मुश्किल काम है—यह अधिकार और जिम्मेवारी तो "कानूनी मंजूरी" के बाद ही मिल सकेगी। इसलिए गाड़ी से उतरकर तुम्हें स्वयं ही हमारे घर आना पड़ेगा। उसके बाद हम प्यार की नदी में तैर तैरकर दुनियाँ जहान् के सब कष्ट एक दूसरे के सहारे सहन कर लेंगे।

मुझे तुम्हारी बहुत याद आ रही है।

तुम्हारी अपनी
रूपा

कानपुर 24/2/53 8.00 pm.

प्यारी रूपा

मुझे तुम्हारी प्यारी-प्यारी चिट्ठी मिली—मुझे इस तरह की चिट्ठियाँ प्राप्त करके और उनका उत्तर देकर बहुत खुशी होती है। तुम्हारा

ज्योतिष बिलकुल गलत है। यदि तुम मेरे दिल को समझती हो तो मैं इतनी बड़ी-बड़ी बातों के बारे में नहीं सोच रहा था, एक छोटी-सी चीज़ चाहिए थी तुम्हारी फोटो, जिसका तुमने पिछले पत्र में वादा किया था मैं तो आजकल छोटी चीजों के बारे में ही सोचता हूँ अंदाजा लगाने की कोशिश करो! मुझे पहले ही पता था तुम्हारा जवाब क्या होगा, मैं तो तुम्हारे विचारों और आशाओं पर बाँध लगाना चाहता था। तुम्हारी ऊँची उड़ानों को थोड़ा नीचे स्तर पर लाना चाहता था।

सपनों में गीत सिखाने में मुझे कोई परहेज नहीं पर मेरी ट्यूशन सिक्कों में नहीं प्यार की दौलत में होगी—मुझे खोटे सिक्के भी परखने आते हैं, इसलिए तुम्हारे सिवा किसी को नहीं मिल सकती, एक बात का लिहाज कर सकता हूँ अगर तुमने बाथरूम से बाहर आकर न सीखा तो मैं भी सपनों से बाहर नहीं आऊँगा।

मुझसे गलती हो गई तुम्हें स्टेशन पर आने के लिए कहकर, मुझे तो याद ही नहीं था कि अभी कानूनी इजाज़त नहीं मिली, लगता है मैं नींद की खुमारी में कुछ न कुछ लिख गया था। जब मैं अपनी भावनाओं को ऊँची उड़ानों पर ले जाता हूँ तो उसकी कोई सीमा नहीं रहती, चलो मान लो, वह एक शरारत थी—इस समय मेरा पैन आगे लिखने के लिए संकोच कर रहा है कानूनी इजाज़त के डर से लेकिन तुम्हें खुली छुट्टी है। जो मर्जी लिखो—मैं तो बस दिलों के कानूनों को मानता हूँ। जिसके सामने समाज के कानूनों की कोई कीमत नहीं।

रूपा जी। मैं एक बार फिर पढ़ना चाहता हूँ। बनारस हिन्दु यूनीवर्सिटी से M. Sc. (Engg.) करना चाहता हूँ। यदि मुझे दाखिला मिल गया और दफ़्तर से स्टडी लीव मिल गई—इसमें तुम्हारी इजाज़त मिलनी भी जरूरी है। यदि यह मुमकिन न हुआ तो कानपुर में भी आगे पढ़ने के बहुत चान्स मिल सकते हैं। जैसे-जैसे शादी की तारीख नज़दीक आ रही हैं मेरी उत्सुकता और भी बढ़ रही है। मैं तुम्हें कल्पना में ही अपने सामने देखने लगता हूँ, चाहे तुमने कल्पना की लकीरों को साफ करने की कोशिश नहीं की इसलिए कभी-कभी लड़ने को मन

चाहता है और फिर मनाने को–मैं तो पहले ही बहुत बेपरवाह इन्सान हूँ यदि तुम भी ऐसी ही बेपरवाह हो तो भगवान ही जानता है। हमारा क्या होगा।

पत्र की प्रतीक्षा में तुम्हारा
सूरज

जींद 26/2/53 2.00 p.m.

प्यारे प्यारे सूरज,

आज स्कूल से जल्दी छुट्टी हो गई थी इसलिए तुम्हारी चिट्ठी भी जल्दी आकर पढ़ ली, लगता है इस बार तुम्हारा मूड़ कुछ बदला हुआ है। मैं स्वयं भी कई बार बिना सोचे समझे बहुत कुछ लिख देती हूँ। बस आगे से कोई ज्योतिष नहीं; मैं फोटो न भेजने की माफी मांगती हूँ।

मैंने अपनी सहेलियों से कहा बाजार जाकर फोटो खिंचवाने के लिए किन्तु उन्होंने कहा फोटोग्राफर लड़कियों की फोटो खींचकर दुकान में टाँग देते हैं, फिर हमने किसी का कैमरा माँगकर बहुत सारी फोटो खींचीं ग्रुप में और अकेले-अकेले भी, पर जब रील धोने के लिए भेजी तो पूरी ब्लैक निकली मैं मजबूर हूँ।

आपने "कानूनी इजाज़त" के शब्द का गुस्सा माना है। सूरज जी। दिलों की इजाज़त तो अपने तक ही सीमित होती है। सोसायटी तो कानूनों को ही मानती है।

चलो इस विषय पर आगे से सारी बातचीत बंद, फुल स्टाप।

आपने M. Sc. करने के लिए मेरी इजाज़त माँगी है। मुझे अपनी जिम्मेवारियों का पूरा अहसास है। मैं कभी भी तुम्हारे रास्ते का रोड़ा नहीं बनूँगी। प्यार कोई आग नहीं जो इन्सान को जला डाले, यह तो अमृत का स्रोत है जो जीवन दान देता है। यदि मुझे तुम्हारा प्यार मिलता रहे तो मैं तो कभी भी कहीं भी जाने से नहीं रोकूँगी चाहे इग्लैंड चले जाओ, पर कवि का दिल फूलों से भी नरम और नाजुक

होता है मेरी एक ही प्रार्थना है कहीं भी जाना हो शादी के बाद चले जाना, ताकि चोरों की तरह पत्र व्यवहार न करना पड़े इतने समय में मैं भी M.A. कर लूँगी। मिसिज खत्री की बहन मिली थी, वह भी कानपुर में सिविल लाईन्स में ही रहते हैं उसके पति की अपनी मिल है। एक बात, मैं हर बार पूछना भूल जाती हूँ आप कौन-सी मिल में काम करते हैं?

चिट्ठी से ऐसा लग रहा है तुम अभी भी कानूनी इजाजत के नाम से चिढ़े हुए हो। इसलिए मैं इस बार सोच समझकर लिख रही हूँ।

प्यार सहित तुम्हारी
रूपा

कानपुर 27/2/53 8.00 p.m.

यह चिट्ठी मेरे होम मिनिस्टर को जा रही है जो 13 अप्रैल को राष्ट्रपति भवन में आकर शपथ लेने के पश्चात चार्ज लेने वाला है।

प्यारी प्यारी मेरी जीवन संगिनी। थोड़ी देर पहले तुम्हारी चिट्ठी मिली मुझे पहली चिट्ठी के बारे में अफसोस है। मुझे पता था कि मैं कुछ ऐसा लिखने जा रहा हूँ जो लिखना नहीं चाहिए था। पर मेरा मूड ही कुछ ऐसा था चलो दोनों उस बात को भूल जाते हैं। वास्तव में मैं तुम्हारी हल्की-फुल्की और हँसी मज़ाक वाली बातों को ज्यादा पसंद करता हूँ यही तो जिंदगी का मजा है। मैं नहीं चाहता तुम बहुत ध्यान से लिखो बेफिक्र रहना, तो एक वरदान होता है। हम हर समय अकलमंदी की बात नहीं कर सकते हमें तो भगवान ने एक जैसी किस्मत देकर भेजा है।

मैंने M. Sc. के बारे में इसलिए नहीं लिखा था कि मैं तुमसे दूर जाना चाहता हूँ। वैसे इसमें कोई हर्ज भी नहीं यदि मैं अधिक से अधिक योग्यता प्राप्त कर सकूँ इसमें हम दोनों का ही फायदा है मैं तो तुम्हें अपने विचारों से परिचित कराना चाहता था। अभी तो यह

योजना ही है आप निश्चिंत रहो। मैं जो भी करूँगा जीवन में, तुम्हारी मर्जी से ही करूँगा।

ठीक है–वह बेदर्द 'कानूनी इजाज़त' भी कोई दूर नहीं एक महीना और उसके थोड़े से टुकड़े, फिर हमें चोरों की तरह छुप-छुप कर पत्र लिखने नहीं पड़ेंगे, दुनिया की नजरों में हम एक दूसरे के साथी होंगे, हमसफर। प्यारी रूपा। मैं तुम्हारे विचारों को अच्छी तरह समझता हूँ यदि मैं तुम्हारी किसी बात से कभी चिढ़ भी जाऊँ तो गुस्सा मत करना कभी-कभी तो मैं अपने आप से भी नाराज हो जाता हूँ इसका मतलब यह नहीं कि हम अलग-अलग हैं।

मैंने तो तुम्हें अपनी नौकरी के सम्बन्ध में कुछ बताया ही नहीं, मुझे लगा था तुम्हें सब कुछ पता है। जब मैं पहले-पहले यहाँ जुलाई में आया तो मैंने बंगाल केमिकल्स में काम किया फिर 2½महीने बाद जूनीयर साईंटिफिक अस्सिटैंट बन गया मिलिट्री स्टोर के टेक्निकल अस्टैबलिशमेंट में क्योंकि मेरे बापू की इच्छा थी कि मैं सरकारी नौकरी करूँ। यह महकमा भारत सरकार के रक्षा मंत्रालय के अधीन है समझ लीजिए मैं फौज में बिना वर्दी वाला मुलाज़िम हूँ। मैंने और भी कई स्थानों पर आवेदन भेजे थे पर आज कल मार्किट मंदी है, खासकर टेक्निकल शिक्षा प्राप्त लोगों के लिए बहुत कम नौकरियाँ है।

इस महकमें में हम आर्मी को सारा सामान टेस्ट करके देते हैं उसकी क्वालिटी टेस्ट करने के लिए सैंपल आते हैं। और कुछ पूछना हो तो बताइए?

कुछ दिन पहले तुम्हारे भाई की ओर से मुझे एक अजीब-सी चिट्ठी मिली मुझे समझ नहीं आई क्या बात है मुझसे पूछा गया था क्या तुम दिसम्बर में पंजाब यूनीवर्सिटी कनवोकेशन में अंबाला गए थे?

प्यारी रूपा। जबसे हमारा पत्र व्यवहार शुरू हुआ है तुम मेरे दिलो-दिमाग पर छाई रहती तो, एक मिनट भी तुम्हें अपने से अलग

नहीं कर सकता, मैं तो सपने भी देखता हूँ तो तुम्हारे ही, जो कल की वास्तविकता बनने वाले हैं और कल भी कोई दूर नहीं।

मुझे दुख है तुम इसबार सोच समझकर लिख रही हो, प्यारी रूपा। मैं तुमसे क्यों नाराज होऊँगा, कोई अपने आप से भी नाराज होता है।

किसी बात की फिक्र मत करो मेरी खुशकिस्मिती है कि एक गाँव के जाट और आवारा नौजवान को तुम्हारे जैसी जीवन संगिनी मिली है। हमेशा किसी भी समस्या की रोशनी वाली साइड ही देखा करो, अंधेरे वाली नहीं मुझे तुम्हारी चिट्ठियाँ की हँसी और मुस्कान ज्यादा पसंद है। एक बात में मेरी सहायता करो, एक आवारा अपनी बहुत ही प्यारी दोस्त को उसकी शादी के अवसर पर एक तोहफा देना चाहता है, पहले प्यार की पहली बार मिलने की निशानी, डरो नहीं, अभी नहीं, कानूनी सर्टिफीकेट के पश्चात्, वह बिलकुल सीधी सादी है बिलकुल तुम्हारे जैसी।

क्या एक बात और बताओगी? गर्मी की छुट्टियों में तुम्हारा स्कूल कब बंद हो रहा है और कितने दिन के लिए, शादी के लिए कितनी छुट्टियाँ ले रही हो। क्योंकि मेरी नौकरी नई है ज्यादा छुटियाँ नहीं मिल सकेंगी और मैं तुम्हारे साथ ज्यादा से ज्यादा समय बिताना चाहता हूँ। "जब याद मेरी आए। मिलने की दुआ करना।"

अच्छा बाकी फिर

तुम्हारा अपना ही
सूरज

जींद 2/3/53 6.15 p.m.

मेरे चितचोर, दिल भागे तुम्हारी ओर बता दे किधर को है तेरा गाँव?" तुम्हारी चिट्ठी मैंने जल्दी-जल्दी खोली जैसे कोई बरसों से प्यासा हृदय, शब्दों के अमृत घट को पी लेना चाहता है। मैंने कई

बार पढ़ा, ताकि इन सुन्दर पलों को कुछ समय और जी सकूँ। लगता है दिन बड़े धीरे–धीरे बीत रहे हैं, कब आएगी वह घड़ी जब हम एक दूसरे के पास बैठकर बातें करेंगे। सूरज जी। फालतू की माफी मांगना छोड़ो प्यार में इंकार और तकरार दोनों होते हैं। आगे से हम एक दूसरे की अच्छी बातें ही याद रखें और यदि कोई कमजोरियाँ भी है तो उनके बारे में सोचना बंद कर दें।

यह पागल हृदय समुद्र की लहरों की तरह ऊपर नीचे होता रहता है। वक्त आ गया है जब कोई पंडित कुछ न कुछ उल्टा सीधा गुनगुनाकर हमें अग्नि के चारों ओर सात बार चक्कर खिलाकर इस लायक बना देगा कि हम सारी उमर ही एक दूसरे के आस–पास चक्कर खाते रहें और सिर ऊँचा उठाकर आजाद घूमें।

भाई साहब की चिट्ठी मुझे भी आई थी, अंबाला के बारे में माफ करना मेरी छोटी–सी शरारत ने तुम्हें अभी से चक्कर खिला दिए—वास्तव में जब भी मेरी माँ कभी शादी की बात करती, किसी न किसी के बारे में संदेश आता तो मैं झगड़ा कर लेती थी कि मुझे अभी बहुत पढ़ना है, यदि तुम इस तरह का तमाशा करोगे तो मैं घर से भाग कर साध्वी बन जाऊँगी और इस बार जब उसने मुझे समझाया, ध्यान रखना यह लड़का कहीं जींद मिलने न आ जाय या भठिंडा के स्टेशन पर अचानक टक्कर हो जाय तो ज्यादा बात न करना। उसे चिढ़ाने के लिए मैंने भी कह दिया, जब तुम लोग इस लड़के के साथ मुझे सारी उमर बाँधने की तैयारियाँ कर रहे हो तो बात करने से क्या होगा और फिर वह तो मिला था मुझे दिसंबर में, अंबाले कनवोकेशन पर और हमने बहुत बातें की। इकट्ठे चाय भी पी, क्या हर्ज़ है? वह बोली हर्ज़ की बात नहीं? आजकल के पढ़े–लिखे शरारती लड़के बाद में चिट्ठियाँ लिखना शुरू कर देते हैं, आगे से ध्यान रखना।

मैं समझी, चलो बात खत्म हो गई परंतु मेरी छोटी बहन जब दिल्ली गई तो सबको बता आई उन्हें विश्वास हो गया और C.B.I.

जाँच शुरू हो गई मुझे नहीं पता था कि यह छोटी सी शरारत तुम्हें भी लपेट लेगी, वैसे मेरी इस प्रकार की आदतों की वजह से बचकर रहना आगे से, तुम्हें पता होना चाहिए बुरी संगत का असर बुरा ही होता है।

वैसे मुझे तो बता दो क्या तुम अम्बाला गए थे? क्योंकि पंजाब यूनीवर्सिटी की डिगरी लेने वाले सब लोग वहाँ पहुँचे हुए थे।

आपने अपनी दोस्त के गिफ़्ट के लिए मुझसे पूछा है। मेरा ख्याल है एक घाघरा ठीक रहेगा। तोहफा सरपराईज होना चाहिए पूछकर नहीं, वैसे भी वह तो तुम्हारे दिल में ही रहती है, ढक्कन खोलकर पूछ लो।

चलो अभी बेसिक पर आएं मेरे पास 10 कैजुअल लीव और एक महीने की प्रिविलेज लीव है। गर्मी की छुट्टियाँ 16 जून से 16 अगस्त तक होंगी। मैं भी आपसे पूछने ही वाली थी ताकि उसी हिसाब से छुट्टी लूँ। अब 21 मार्च से पहली अप्रैल तक छुट्टी में मैं घर जाऊँगी इन दिनों कोई पत्र मत लिखना। आप M. Sc. जरूर कर लीजिए मैं तुम्हें तरक्की करते हुए देखकर बहुत खुश होऊँगी।

तुम्हारी रूपा।

कानपुर 4/3/53 9.00 p.m.

प्यारी रूपा

दफ़्तर से आने पर तुम्हारी चिट्ठी मिली। मैं दीवाली की छुट्टियों में घर गया था। उसके बाद और कहीं नहीं गया वैसे भी B. Sc. के बाद अब मेरा पंजाब यूनिवर्सिटी से कोई सम्बन्ध नहीं इसलिए अंबाला नहीं गया यदि तुमने कहा होता तो शायद मिलने आ जाता यदि तुम कहो तो तुम्हारे भाई को लिख सकता हूँ कि गया था, देखेंगे तमाशा।

कुछ महीने पहले मैंने उसे लिखा था, क्या मैं एक बार रूपा से बात कर सकता हूँ? उसने मुझे इतना लम्बा लेक्चर दिया कि हमें क्या करना चाहिए और क्या नहीं और यह नियम विरुद्ध है, लोग क्या कहेंगे, लड़की बड़ी शर्मीली है पता नहीं वह मानेगी भी या नहीं, वगैरह-वगैरह ऐसा लगता था जैसे मैंने तुम्हारे साथ एक बार बात कर ली तो भूचाल आ जाएगा–आसमान नीचे गिर पड़ेगा। मुझे पढ़कर बड़ा गुस्सा आया कि एक लड़की जिसे मेरे साथ सारी उमर गुजारनी है, उसे मौका ही नहीं दिया जा रहा कि वह अपने साथी को पहचान भी सके। चलो। अब बात पुरानी हो चुकी है। मुझे तुम्हारे साथ बात न करने का कोई गुस्सा नहीं।

मुझे तो अभी तक भी समझ नहीं आया कि एक गाँव का लड़का–जो दिल्ली की भीड़-भाड़ में भटक रहा है, कोटकपूरा की इस महान हस्ती को कैसे पसंद आ गया, चलो जो भी हुआ, अच्छा ही हुआ। तुम्हारे कहने पर मैंने एक घाघरे का आर्डर दे दिया है। अपनी कमर का माप भेज दीजिए।

मेरे पास 14 केजुअल लीव हैं और एक हफ्ते की अरन-लीव, मैं 10-12 छुट्टियाँ लूँगा, बिना तनख्याह के छुट्टी लेना ठीक नहीं, 14 अप्रैल से 23 अप्रैल तक, 11 अप्रैल को 11½ बजे कालका मेल से चलकर रात को 10 बजे की पंजाब मेल पकड़ूँगा। बठिंडा से गाड़ी बदलकर बिलकुल मौके पर गाँव पहुँचूँगा, अपनी छुट्टियों का ज्यादा से ज्यादा समय मैं तुम्हारे साथ बिताना चाहता हूँ, 27 को मुझे दफ़्तर अटैंड करना है, आप 26 तक का मेरे साथ प्रोग्राम बना सकती हो, यदि मेरे साथ कानपुर आ सकती हो तो बताना, मैं इंतजाम कर रखूँगा।

20 मार्च को जब तुम घर जाओ, वहाँ से पत्र लिखते रहना, यदि तुम्हें डर है कि कोई चिट्ठी खोल लेगा तो मैं नहीं लिखूँगा। रूपा

मेरी डार्लिंग। जब हम मिलेंगे तो एक दूसरे की अच्छी तरह जानते होंगे, न कि अनजाने रास्तों पर अंधेरे में छलांग लगानी पड़ेगी बल्कि एक साथी से मुलाकात होगी जो बिलकुल तुम्हारा अपना है।

प्यार सहित

तुम्हारा सूरज।

जींद
6/3/53
2.00 p.m.
प्यारे दोस्त सूरज।

आज तुम्हारा पत्र आधी छुट्टी के बाद स्कूल जाने से पहले ही मिल गया था। जब तुम्हारी चिट्ठी पहले मिल जाती है, तो मैं बहुत खुश होती हूँ साथी टीचर पूछती हैं क्या बात है रूपा जी। आज बहुत खुश नजर आ रहे हो। मैं कह देती हूँ आज तुम बहुत सुन्दर और स्वीट लग रही हो इसलिए, वह शर्माकर धीरे से मुस्करा देती हैं।

कल मैं दो दिन के लिए दिल्ली जाऊँगी, आने के बाद तुम्हें वहाँ की सब खबरें दूँगी शादी के लिए मैं 10 या 11 अप्रैल को दोपहर की गाड़ी से जाऊँगी 10 दिन की छुट्टी लूँगी उसके बाद अपने-अपने हेड क्वार्टर में वापिस आ जाएँगे, भारी मन से, इन थोड़े से दिनों की यादों को दिल में समेटकर।

इस बार माँ आकर सबको बता गई कि मेरी शादी होने वाली है इसलिए सब तंग करती रहती हैं। कोटकपूरा से चिट्ठी लिखनी मुश्किल है-डब्बे में डालने कौन जाएगा? यह आजादी तो लाइसेंस मिलने के बाद ही मिलेगी।

एक बात हम तो 13 अप्रैल के अनुसार प्रोग्राम बना रहे हैं पर हमारे पिता आपके बापू जी से मिलने गाँव गए हुए हैं। शादी की तारीख पक्की करने–देखें कब का मुहूर्त निकलता है। मेरे भाई ने ठीक ही किया तुम्हें मिलने नहीं दिया–दुनियाँ में चाहे भूचाल आता

या नहीं मेरे छोटे से दिल में तो तुम्हें मिलने के बाद तूफान आ जाता। मैं और भी लिखना चाहती हूँ पर बाहर से ठक-ठक हो रही है इसलिए बंद करती हूँ। आप लिख ही देना भाई साहब को कि अंबाला गए थे, उनकी शक्ल देखकर मजा आएगा।

आपकी अपनी
रूपा

कानपुर 7/3/53 9.00 p.m.

मेरे सपनों की रानी

तुम्हारी चिट्ठी मिली, मैंने लिख तो ली है पर डाक में कल डालूँगा क्योंकि जिसे पढ़नी है वह तो दिल्ली की सैर कर रही है कोई मजेदार घटना? कोई पिक्चर देखी? मुझे तुम्हारी बात पसंद नहीं आई अपने-अपने हैड क्वार्टर में वापिस आ जाएँगे, आखिर कब तक हम अपने-अपने हैड क्वार्टरों में रहेंगे? होम मिनिस्टर को तो राजधानी में ही रहना पड़ेगा। तुमने तो बड़ी मासूमियत से कह दिया डब्बे में डालने कौन जाएगा। तुम्हारी इच्छा हो तो कोई कठिन काम नहीं, एक परदेसी तुम्हें मजबूर नहीं कर सकता वैसे लाइसेंस मिलने में कोई अधिक समय नहीं, हमने प्रार्थना पत्र तो भेज ही रखा है। लेकिन कभी-कभी लुकाछिपी के खेल भी अच्छे लगते हैं। तुमने मेरी ट्यूशन फीस अभी तक नहीं दी, ब्याज बढ़ रहा है ज्यादा हो गया तो तुम्हें खुद आकर देना पड़ेगा।

बापू जी ने मुझे वैशाख की देसी तिथि बताई है। पता नहीं अंग्रेजी महीने की कौन सी तारीख है, आठ वैशाख को।

मैंने तुम्हारे भाई को चिट्ठी तो लिख दी है पर कनवोकेशन के बारे में कुछ नहीं लिखा मुझे तुम पर तरस आ गया मुझे तो बहुत छोटी चिट्ठी लिखने की आदत है पता नहीं क्यों तुम्हें लिखते समय मैं तो लिखता ही जाता हूँ पर इस बार तुम्हारी एक पन्ने की चिट्ठी देखकर मुझे हैरानी हुई क्या सारी बातें खत्म हो गईं, हो सकता है

बच्चों की परीक्षा के पेपर चैक करने हों सहेलियों से गप बाजी चल रही हो, क्या मूड़ नहीं था लम्बी चिट्ठी लिखने का? तुमने तो अपने भाई का ही पक्ष लिया है, यह तो एक बहन ही कर सकती है। यदि तुम्हारे दिल में भूचाल और तूफान आने का खतरा था तो एक सेफ्टी वाल्व लगा कर अलार्म का सिग्नल लगा देना था। कोई बात नहीं, तुम्हारे भाई का ख्याल ही ठीक होगा, वह हमसे बड़े हैं और मैं उनका सम्मान करता हूँ।

इंतजार की घड़ियाँ लम्बी होती जा रही है। महीने में 30 दिन और एक-एक दिन में 24 घंटे, हे भगवान! बचालो मुझे।

तुम्हारा अपना
सूरज

जींद 13/3/53 12.25 p.m.

कल मैं सुबह पहुँची तो गाड़ी लेट थी इस लिए सीधा स्कूल चली गई मैंने सारा कमरा खोज डाला पर तुम्हारी चिट्ठी कहीं न मिली, सोचा कल ही लिखूँगी, प्रातः 9½ बजे पोस्टमैन आता हुआ दिख गया, उस समय एक मिनट की देरी भी मेरे मस्तिष्क को बेकार कर रही थी। मेरा सारा शरीर एक प्रकार की अजीब सी हलचल महसूस कर रहा था। मिलते ही मैंने फटाफट खोला।

तुमने अपनी फीस मांगी है। पर मेरी सरकार! क्या मैं पूछ सकती हूँ सिखाया ही क्या है? इधर-उधर की गप्पें मारकर चले जाते हो। क्या गप्पों की भी ट्यूशन होती है, चलो कोई बात नहीं, आपने अपना टाइम तो दिया, यह तो सीखने वाले की इच्छा है। सीखे या न सीखे बिल भेज दो, पेमेंट कर देंगे।

प्यारे सूरज! तुम्हारे दिन में तो 24 घंटे ही होते है पर मेरे लिए एक घंटे में 60 मिनट और एक मिनट में 60 सेकेंड, एक-एक सेकेंड कितनी मुश्किल से कटता है, मुझसे ही पूछिए और फिर इस बेदर्द मार्च महीने में

तो दिन भी 31 होते हैं। दिल्ली गई तो तुम्हारी आई हुई एक चिट्ठी कमरे में पड़ी हुई थी मैंने उठा ली, भाभी आई तो हँसने लगी, दूसरों की चिट्ठी क्यों पढ़ रही है? मैंने भोली बनकर कहा, भाभी चिट्ठी पड़ी थी मैंने पढ़ ली, यह कौन है भाभी? उसने मेरी पीठ पर मुक्का लगाया और हँस पड़ी। भाई साहब घर आए तो कहा तुमने हम सबको बेवकूफ बनाया, अंबाला वाली बात पर, मैं तो तुम्हें बिल्कुल गंभीर स्वभाव की लड़की समझता था, नहीं पता था तुम भी ऐसी शरारत कर सकती हो, मैंने तो केवल इतना ही कहा, अपने घर से पूछ लेते पहले।

अपने-अपने हैड क्वाटर आने की बात तो मैंने वैसे ही लिख दी थी, मुझे पता था, तुम चिढ़ जाओगे-क्या करना है। कहाँ जाना है, कब जाना है, यह सब प्रोग्राम तो मिल बैठ कर ही बनाया जाएगा। देसी महीने की 8 वैशाख को 20 अप्रैल होती है। मैं यहाँ से 18 अप्रैल को चलूँगी 10½ बजे की गाड़ी से जब मेरे पिता आपके गाँव गए तो पंडित ने पत्री निकाल कर कुछ-कुछ बोला, फिर ऊँगलियों पर गिनती शुरू कर दी, बोल दिया 8 वैशाख शुद्ध है। यदि 10, 15 दिन पहले की तिथि को शुद्ध बता देता तो उस भले मानुष का क्या बिगड़ जाना था? उसे क्या पता, एक-एक सैकेंड कितना लंबा होता है, कहते हैं इंतजार की घड़ियाँ मीठी होती हैं, जब दो मुहब्बत भरे दिल कई जन्मों और सैकड़ों बरसों के बाद मिलेंगे तो सदियों की प्यास मिट जाएगी।

अब तो एक दिन में एक बैरियर पार कर रहे हैं, आपकी आकर्षण शक्ति एक चुंबक बनकर खींच रही है। अब तो सपने भी अपने ही लगते हैं। यदि सपने इतने सुन्दर है तो क्यों न पूरा जीवन ही एक सपना बन जाए जिसके सहारे जी भर खुशियाँ मनाएँ।

तुम्हारी अपनी
रूपा

कानपुर 16/3/53 9.00 p.m.

मेरी अपनी रूपा

तुम्हारी मनमोहक चिट्ठी मिली। तुम सबने मिलकर मेरी आलोचना की होगी मेरे लिए दिल्ली से क्या लाई हो? तुम 18 अप्रैल को

कोटकपूरा जा रही हो, मैं दुआ करता हूँ तुम्हारी गाड़ी छूट जाए। मैं भी उसी दिन दिल्ली से बठिंडा जाऊँगा पंजाब मेल से, तुम्हारा मन चाहे तो रात की गाड़ी से प्रोग्राम बना लेना। हम लोग मिल सकते हैं। कोटकपूरा जाकर चिट्ठी लिखने की कोशिश करना पर जींद वापिस आते ही लिखना। आपने एक कविता और इंग्लिश का एक पैरा लिखा है। "मेरे देवता! मैं तुम्हारी आवाज सुनकर सबको छोड़ कर आ गई हूँ। मुझे और कुछ नहीं चाहिए बस अपना हाथ मेरे हाथ में पकड़ा दो" मैं इसे पढ़कर कल्पना में ही तुम्हें छूने और हाथ पकड़ने की कोशिश कर रहा हूँ।

रूपा जी। कल मैं एक इंर्टव्यू पर जा रहा हूँ। गलत न समझना अपने वाली नहीं, मुझे इससे अच्छी नौकरी के लिए इंर्टव्यू मिला है। 19 मार्च को सींदरी की खाद फैक्ट्री के स्लैक्शन बोर्ड के सामने पेश होने की मैंने सलाह कर ली है। कल कानपुर से 4½ बजे की हावड़ा मेल पकड़ कर परसों सुबह धनवाद पहुँच जाऊँगा, वहाँ से बस पकड़कर सींदरी पहुँचूंगा। आते हुए एक दिन के लिए डेहरी-ओन-सोन रूकूँगा, वहा मेरा एक बहुत ही प्यारा दोस्त काम करता है 20 या 21 को कानपुर वापिस पहुँच जाऊँगा।

आजकल मैंने बैडमिंटन खेलना शुरू किया है बहुत अच्छी गेम है पहले मैं इसे लड़कियों की गेम समझता था पर इससे भी बहुत कसरत हो जाती है। अब मैंने सफर की तैयारी करनी है, जिसके लिए मुझे उम्मीद नहीं थी।

बाकी बाद में
तुम्हारा सूरज

जींद 20/3/53 6.00 p.m.

मेरे प्यारे सूरज,

तुम्हारी प्यार भरी चिट्ठी मिली तुम्हारे एक-एक अक्षर में से झांकती हुई तुम्हारी आँखें, मुझे मीठे-मीठे संदेश देती हैं। मेरी चिट्ठी

तुम्हें कानपुर वापिस आने पर ही मिलेगी, मुझे लगता है तुम्हारा दोस्त तुम्हें एक दिन ठहरने के लिए जरूर मना लेगा।

उस हालात में कमरे के एक कोने में पड़ी हुई मेरी चिट्ठी तुम्हारे हाथों में पहुँचने का इंतजार करेगी, तुम्हारी इंटर्व्यू कैसी हुई? मैं कल कोटकपूरा जाऊँगी 10½ की गाड़ी से। दिल्ली में तुम्हारे बारे में बहुत बातें की पर मैं कुछ भी बताने वाली नहीं हूँ। वैसे तो मुझे दिन वाली गाड़ी ही सूट करती है। क्योंकि पंजाब मेल जींद में आधी रात को पहुँचती है। कोशिश करूँगी मिस हो गई तो स्कूल के चपरासी से कहूँगी स्टेशन पर छोड़ जाएगा। वह भी यदि दिल्ली वाली पार्टी उस गाड़ी से न आई क्योंकि उन्हें तो वही गाड़ी ठीक लगती है दिल्ली से। तुमने बैडमिन्टन खेलना शुरू कर दिया है यह मेरी मनपसंद गेम है और है भी बहुत दिलचस्प, अब से मैं भी हॉकी और फुटबॉल खेलना शुरू करूँगी और तुम्हारा साथ दिया करूँगी। दिल्ली से एक छोटी सी वस्तु लाई हूँ इसे तैयार करने में मुझे एक घंटा लगा है इसे मैं लिफाफे में डाल रही हूँ इसमें से तुम्हें मेरा दिल झांकता हुआ मिलेगा मैं तो और भी बहुत कुछ लिखना चाहती हूँ पर आप लम्बे सफर के बाद आए हो, थक जाओगे पढ़ते-पढ़ते, अगली चिट्ठी 31 मार्च को लिखना ताकि कमरा खोलते ही मिल जाए।

प्यार सहित रूपा

कोटकपूरा 26/3/53 3.00 p.m.

मेरे प्यारे साथी

मैं यहाँ तो रविवार को ही पहुँच गई थी पर इस समय माँ घर में नहीं है और बाकी बच्चे इधर-उधर हैं इस लिए आज ही लिख रही हूँ। यहाँ पर मेरी एक सहेली की शादी है, उसने तुम्हें बुलाया है। कहा है जरूर आए और जितने दोस्त चाहें साथ लेते आएँ और अपनी उस दोस्त को भी लाना जिसके लिए आपने घाघरे का आर्डर दे रखा है और अपनी मिसिज को भी लेते आना। अब मेरा प्रोग्राम है पहले

तो मैं 8 दिन की आक्समिक छुट्टी लूँगी, फिर 1, 2 दिन स्कूल ज्वाइन करके एक महीने की विशेष छुट्टी, उसके बाद दो महीने की गर्मी की छुट्टियाँ होंगी, बीच में 15, 16 दिन आकर काम कर जाऊँगी। आप बताओ मेरे लिए क्या सोचा है? मेरी परमानेंट गवर्नमेंट सर्विस है। मैं छोड़ना नहीं चाहती जब तक आप पक्के तौर पर एक जगह सैटल नहीं हो जाते। उसके बाद मैं वहाँ पर सरकारी नौकरी ढूँढ़ कर पैप्सू की नौकरी छोड़ दूँगी। यदि मुझे कानपुर लेकर जाना है तो कोई घर ढूँढ़ रखना।

मैं जींद वापिस पहली तारीख को पहुँचूँगी, वहाँ जाकर लम्बी चिट्ठी लिखूँगी।

उत्तर की प्रतीक्षा में आपकी रूपा

कानपुर 23/3/53

प्यारी रूपा

"वह पास रहें या दूर रहें नजरों में समाए रहते हैं, इतना तो बता दे कोई हमें क्या प्यार इसी को कहते हैं।"

तुम्हारा प्यारा-प्यारा पत्र मिला, मैं तो यहाँ शनिवार को ही पहुँच गया था इंर्टव्यू तो अच्छी हो गई थी, पर अधिक उम्मीद नहीं, यहाँ सब कुछ छुपा कर रखा जाता है और हेरा-फेरी के चांस रहते हैं। मेरी इंर्टव्यू 19 मार्च को सुबह 10 बजे थी, मैंने 3 दिन की छुट्टी ली थी, दफ्तर में यह कहा था कि घर जा रहा हूँ, बहुत जरूरी काम है। मैंने 2½ बजे की हावड़ा मेल पकड़ी 14 रु. की धनबाद की टिकट खरीदी, गाड़ी में बहुत भीड़ थी, मेरे पास छोटा सा बैग था इसलिए खड़ा रहा। डिब्बे में कुछ मारवाड़ी बैठे थे, मैंने उनसे मारवाड़ी में बात की तो उन्होंने अपना समझ कर फटाफट बैठने के लिए जगह बना दी।

धनबाद, कानपुर से 462 मील दूर है। रास्ते में इलाहाबाद और मुगलसराय आते है। मैंने स्टेशन से कुछ लेकर खाया उसके बाद आ

गई त्रिवेणी, जहाँ पर गंगा, यमुना और सरस्वती मिलती हैं। बहुत ही आकर्षक दृश्य था। चाँद के प्रकाश में बड़ा अद्‌भुत लग रहा था। अब 9 बजे चुके थे मुझे झपकियाँ आ रही थीं। बैठे-बैठे, पर सोने की जगह नहीं थी जब भी गाड़ी रूकती मैं स्टेशन का नाम पूछता, 12 बजे गाड़ी डेहरी-औन-सोन पहुँचती है, यहाँ मैंने अपने मित्र को स्टेशन पर मिलने के लिए कह रखा था। क्योंकि मैं रूकना नहीं चाहता था, एक दिन पहले पहुँच कर इंर्टव्यू की तैयारी करना चाहता था, और सींदरी को भी अच्छी तरह देखना था। स्टेशन पर मेरा दोस्त अपने एक साथी के साथ आ रहा था, वैसे तो हम दिसम्बर में ही मिले थे, वह डालमिया नगर नौकरी शुरू करने से पहले कानपुर मेरे पास रूका था। बात करते-करते सलाह हो गई, जाने दो। एक दिन पहले जाकर क्या करना है? बैग उठाया और उतर पड़े, रास्ते में देखा, सारी दुनियाँ सो रही है और फैक्ट्रीयाँ चल रही हैं। बाते करते-करते दो बज गए, यही मेरा एक दोस्त है जिससे मैं अपनी जिंदगी की कोई बात नहीं छुपाता, हम 3 साल इकट्ठे दिल्ली रहे हैं। वह यहाँ सीमेंट फैक्ट्री में शिफ्ट इन्चार्ज है उसकी ड्यूटी 2 से 10 बजे तक थी। हमने मिठाई का डिब्बा खोला जो वह मेरे लिए स्टेशन पर लाया था और उसी समय खा लिया।

यह हिन्दुस्तान की सबसे बड़ी सीमेंट फैक्ट्री है। यहाँ पर रोज का 1100 टन सीमेंट बनता है। मैं भी उसके साथ ही चला गया। वैसे तो हम पहले भी कालेज की ओर से ऑल इण्डिया टूर पर आए थे पर अब ज्यादा अच्छी तरह देखी, मैं तो 5½ बजे वापिस आ गया और नाश्ता करके सो गया और मेरा दोस्त मेहता 10 बजे आया आते ही उसने फोन उठाया अपनी दोस्त शांति से बात की वह 19 बरस की भोली-भाली सुन्दर लड़की है, इस वर्ष 12वीं की परीक्षा दे रही है। हमारे एक क्लासफेलो के भाई की लड़की है। म्यूज़क उसका सब्जेक्ट है और मेरे दोस्त उसे मीरा कहते हैं। हो सकता है कुछ समय बाद वह उसकी सब कुछ हो जाए, उसे एक ही बात की फिक्र है। वह

बोलती है, शादी के बाद खाना नहीं बनाऊँगी। उसने शान्ति से कहा हम 3 बजे आएँगे मेरा मित्र कानपुर से आया है और तुम्हारा गाना सुनना चाहता है। क्या कहा? तुम्हें गाना नहीं आता, पर वह मानेगा नहीं वह मेरा बहुत प्यारा दोस्त है और मैंने उसे सब कुछ बता रखा है। अच्छा वही सुना देना जो उस दिन म्यूज़िक कानफ्रेंस में गाया था, फिर वह सो गाया 2.45 p.m पर उसने अपने दोस्त को बताया जो उसके साथ ही रहता है, मैं पेपर फैक्ट्री में जो नई मशीनें आई हैं सूरज को दिखाने जा रहा हूँ और हम ठीक 3 बजे 8 न. के बंगले पर पहुँच गए, बिना खटखटाए कुंडी खुल गई, वह वहीं खड़ी हुई थी। मेरा परिचय करवाया पर वह तो बिना मिले ही मेरे बारे में सब कुछ जानती थी। उसने हमें चाय पीने के लिए रोका, चाय भी कोई डिनर से कम नहीं थी। फिर उसने गाना सुनाया बड़ी प्यारी आवाज है। तुम्हारे बारे में भी बातें हुईं। वह गाना तुम्हें भेज रहा हूँ धुन निकालकर रखना, मैं सुनूँगा तुमसे!

फिर हम क्लब गए जीवन की बड़ी-बड़ी स्कीमें बनाई, सोन दरिया देखने गए। दरिया में चाँद की रोशनी चमक रही थी बहुत बढ़िया नजारा था किन्तु बोटिंग के लिए समय नहीं था। हम खाना खाकर फिर 8 नं. के बंगले पर गए मीरा के पिता यहाँ बहुत बड़े अफसर हैं। स्टोर्स के कंट्रोलर–मुझे बहुत नींद आ रही थी और रात को 12 बजे धनबाद जाने के लिए गाड़ी पकड़नी थी जिससे मैं कल उतरा था। मैंने सोचा एक घंटा सो लेते हैं। अलार्म बजता रहा और यह कुंभकरन सोया रहा 3 बजे वाली बंबई एक्सप्रेस भी निकल गई भाग-भाग कर 4½ बजे वाली तूफान एक्सप्रेस पकड़ी यहाँ से 5½ घंटे का सफर है और इंर्टव्यू 10 बजे थी, रिस्क ले लिया, रास्ते में गया देखा, यहाँ बहुत सारे बौद्ध मंदिर है। छोटी-छोटी पहाड़ियों पर, यहाँ पर गाड़ी के साथ स्पेशल इंजन जोड़े जाते है। रास्ते में बहुत सी सुरंगे हैं। उस समय बिल्कुल अंधेरा हो जाता है। फिर अबरक की पहाड़ियाँ हैं, जब उन पर सूरज की धूप पड़ती है तो लगता है पहाड़ों पर आग

लगी हुई है। तुम मेरे साथ होती तो जरूर एक कविता लिख देती आखिर धनबाद आ गया जो बिहार का बहुत बड़ा जंक्शन है। 10 तो बज चुके थे। सींदरी यहाँ से 16 मील दूर है बस पर 2 घंटे लगते हैं मैंने फुल टैक्सी ली। ड्राईवर इतना फास्ट था कि, उसने 20 मिनट में गेट पर पहुँचा दिया रास्ते में कोएले की खानों में ट्रालियाँ दौड़ रही थी तारों से हवा में लटक रही थी। जील गोड़ा में फूएल रिसर्च इंस्टीट्यूट है।

मैं 10.30 बजे फैक्ट्री के साऊथ गेट पर पहुँच गया, पता लगा टाईम पर हूँ, चैन की साँस ली और अंदर हाल में चला गया। इंर्टव्यू देने वालों में कई तो मेरे क्लासफैलो ही थे, एक दोस्त तो पहले ही यहाँ लगा हुआ है जो मेरे साथ होस्टल में 2 साल रहा था। उसने कहा एक दिन यहाँ पर रूक जाओ, पर मेरे पास टाईम नहीं था। मेरी बारी 1½ बजे आई 10–15 मिनट तक पता नहीं क्या-क्या पूछते रहे और मैं क्या-क्या बताता रहा, उसके बाद मैंने अपने दोस्त के घर जाकर आराम किया वापिस 10.30 बजे डेहरी-औन-सेन पहुँच गया एक बजे तक बातें की और फिर सो गए, दोपहर को फिर शांति के घर गए और उसके गाने सुने, शाम को ऐनी-कट्ट गए, जहाँ पर Dam बना हुआ है और एक नहर भी निकाली गई है। बहुत सुन्दर नजारा था यहाँ पर दरिया पर बना हुआ 1¾ मील लम्बा रेलवे का पुल है फिर मीरा के घर जाकर उसके पिता को अपनी शादी पर आने का निमंत्रण दिया, पर पता है मेरे दोस्त के अतिरिक्त कोई नहीं आएगा। मैं वापिस कानपुर 21 मार्च को सुबह 7 बजे पहुँच गया।

ठीक है, मत बताओ मेरे बारे में तुम लोगों ने क्या-क्या बातें की संभाल कर रखो अपने पास, मुझे भी कोई परवाह नहीं। गाड़ी में सफर करने के बारे में, उस समय तो हम अलग रिश्ते से मिलेंगे, उसका भी अलग ही मजा होता है। इस तरह एक दूसरे के लिए चाहत बढ़ जाती है परंतु मैं तुम्हें मजबूर नहीं करता, यदि आराम से आ सके तो गाड़ी मिस कर देना।

तुमने चिट्ठी में डालकर रूमाल भेजा है, उस पर एक नन्हा सा फूल और मेरे नाम के दो अक्षर थे मैंने उसे अपनी जेब में डाल लिया है अपने दिल के बिल्कुल पास।

कल मेरे पास बापू जी की चिट्ठी आई है किसी ने उन्हें भड़काने की कोशिश की है। मैं तुम्हें पहले ही बता चुका हूँ कि हमारे बहुत से रिश्तेदार इस सम्बन्ध से खुश नहीं, क्योंकि मैंने उनके लाए हुए रिश्ते ठुकरा दिए थे। मैंने बापू जी को लिख दिया है। उम्मीद है सब कुछ ठीक हो जाएगा, अच्छा यह बताओं यदि कभी ऐसा मौका आया कि हमें सामाजिक बन्धन तोड़ने पड़े तो क्या तुम मेरा साथ दोगी?

अच्छा बाकी फिर, पूरे प्यार के साथ, तुम्हारा सूरज

कानपुर 27/3/53 9.00 p.m.

मेरी डार्लिंग

हजूर की चिट्ठी मिली कोटकपूरे से, मैं सोच ही रहा था कि तुम लिखोगी कि नहीं। मैंने अपने सफर की कहानी लिख ली है पर अभी पोस्ट नहीं की क्योंकि वह तुम्हें जींद आने के बाद ही मिलेगी।

तुमने मुझे अपनी सहेली की शादी पर बुलाया है पर क्या उससे भी पूछ लिया है कि नहीं? उसे मेरी ओर से बधाई देना, मुझे उम्मीद है उसे अपनी मर्जी का ही साथी मिलेगा। एक बात तो बताओ तुमने बुला तो लिया पर शादी की तारीख और समय तो लिखा ही नहीं, कहो तो आज ही आ जाऊँ। ठीक है मैं ज्योतिष विद्या द्वारा तारीख ढूँढ़ने की कोशिश करूँगा। तुमने मेरी वाईफ को भी बुलाया है। ओहो! क्या मुसीबत है। जहाँ जाओ उसे उठाए फिरो। मैं कोटकपूरे से ही कोई ढूँढ लूँगा। यदि उससे मिलना है, तो एक शीशा लेता आऊँगा, उसमें झांक लेना।

अब छुट्टी के बारे में, मैं दस दिन की छुट्टी लूँगा 20 अप्रैल से 29 तक यदि जरूरत हुई तो 4 दिन की और बढ़ा लूँगा बाकी का

प्रोग्राम बनाने के लिए फुल बैंच डीबेट होगी। गर्मी की छुट्टियाँ हम इकट्ठे बिताएँगे। मैं यहाँ से 18 अप्रैल को चलूँगा देख लेना यदि प्रोग्राम बना सको तो।

तुम्हारा सूरज

जींद 1/4/53 8.50 p.m.

मेरे सपनों के राजकुमार

आज जब मैं आधी छुट्टी में घर आई तो तुम्हारी चिट्ठी मिली यह तो बिल्कुल सच्चे सपनों से भरी हुई थी। पढ़कर ऐसा लगा जैसे मैं भी तुम्हारे साथ जा रही हूँ। आपने जिन सुन्दर दृश्यों का वर्णन किया वह मेरी आँखों के सामने आते रहे, लिखने के साथ ही जो आपने नाटकीय स्पर्श दिया है, पढ़कर बहुत ही अच्छा लगा, यह चिट्ठी तो तुम्हारा मास्टर पीस है। जिस प्रकार तुमने मीरा से परिचित कराया है, लगता है भारत के एक कोने में बैठा हुआ कोई अजनबी हमारी यादों में से अपना हिस्सा बंटवा कर ले गया है। उसके गीत की धुन बनाना तो बड़ा मुश्किल काम है, मेरे ट्यूटर ने तो टाईम ही नहीं दिया गीत सिखाने का, मैं उसकी सारी फीस जब्त करने वाली हूँ। मुझे अच्छे-अच्छे गाने सुनने का बहुत शौक है पर उस खूबसूरती से गा नहीं सकती गाँव से पता लगा था कि तुम 26 मार्च को घर जाने वाले हो। आते हुए मैंने बठिंडा स्टेशन पर झांका शायद आप कहीं डिब्बा ढूँढ़ रहे हो दिल्ली जाने के लिए मैंने यह 10 दिन कोटकपूरा में बड़े मजे से बिताए। माँ ने कहा था 4, 5 दिन पहले आ जाना पर मैं तो बिल्कुल ठीक टाईम पर पहुँचूँगी।

वैसे सच्ची बात तो यह है कि तुम्हारे बारे में किसी ने कोई आलोचना नहीं की, बल्कि मुझे ही समझाते रहे, अपना जीने का ढंग बदल लो, पर मुझे कोई परवाह नहीं।

इन दिनों मैं बहुत बेकरार रहती हूँ तुम्हारे पत्र बारी-बारी पढ़कर अपने आप को आप पर समर्पित करती रहती हूँ, तुम्हारे पत्र के अंत

में लिखी हुई कुछ लाइनें मेरे सामने खाली-खाली नजरों से देख रही थी वह तो सीधे मेरे दिलो-दिमाग पर प्रहार कर गईं। पता तो चले इस तरह की खबरें कौन भेजता है और क्यों?

लगता है तुम्हारे रिश्तेदार ठीक ही कहते है मुझसे शादी करने का मतलब है सचमुच "घाटे का व्यापार" तुम्हारा बहुत नुकसान होने वाला है, तुम्हारी उच्च शिक्षा और व्यक्तित्व को देखकर तो बड़े-बड़े अमीर लोग अपनी सुन्दर लड़कियों के लिए, तुम्हें पाने के लिए तड़प रहे होंगे। उनके सामने तो कोटकपूरा की यह साधारण लड़की कुछ भी नहीं, तुम्हारे बापू जी को लग रहा होगा तुम्हारे साथ धोखा हो रहा है। मेरी सलाह है अपने माता-पिता को नाराज न करो। मेरा क्या है? जितना भी स्नेह मिल सका मेरे लिए काफी है। मैं तो अगले जन्म तक भी इंतजार कर लूँगी जैसे पार्वती ने शिवजी की आराधना करके उसे प्राप्त कर लिया था किसी न किसी जन्म में मिल ही जाओगे।

आपने पूछा है यदि ऐसी परिस्थिति आई और हमें सामाजिक बंधन तोड़ने पड़े तो क्या मैं तुम्हारा साथ दे सकूँगी? मैं तुम्हारे साथ हूँ दिलो जान से, मैं तो जीवन को एक कर्म भूमि समझती हूँ जहाँ जीवन के हर मोड़ पर काँटे मिलते हैं।

"हम सो गए तो लगा जिंदगी बहुत खूबसूरत है, पर जगने पर
पता चला कर्त्तव्य ही जीवन है।"

यदि यही प्रश्न आपने मुझसे तीन महीने पहले पूछा होता तो मैंने परवाह नहीं करनी थी। परंतु अब तो आप मेरे अपने बन चुके हो यह प्रश्न पूछने की आवश्यकता नहीं। मैं हर समय, सारी की सारी तुम्हारी ही हूँ।

मुझे समझ नहीं आती तुम्हारे रिश्तेदारों को मुझसे क्या तकलीफ है। वह मेरे विरुद्ध क्यों है? मेरा ख्याल है इस समाज को एक जबरदस्त धक्के की आवश्यकता है उसके बाद इन बेकार के रस्मों रिवाजों और शक करने की परम्पराएँ खत्म हो जाएँगी। इस प्रकार के

गंदे रिवाज नौजवान लड़के लड़कियों के जीवन बर्बाद कर देते है। चलो कोई परवाह नहीं, यदि कोई ऐसा मौका आया तो उस हादसे से निपट लेंगे अभी से चिन्ता करके समय खराब मत करो।

मैंने यह पत्र बड़े हौसले और प्यार से लिखना शुरू किया था और मेरे मन में भावी जीवन के लिए बड़ी-बड़ी योजनाएँ थी पर यह पैन व्याकुल होकर पता नहीं क्या-क्या लिख गया। माफ करना। मैं अब भी हर तरह की कुर्बानी देने को तैयार हूँ यदि आपकी कोई सहायता हो सके तो।

तुम्हारी रूपा

कानपुर 3/4/53 11.00 p.m.

मेरे हृदय की रानी रूपा

तुम्हारी चिट्ठी शाम को मिली मुझे अफसोस है पत्र के अंत में लिखी हुई कुछ लाइनों ने तुम्हें परेशान कर दिया, कई बार अनजाने में बिना सोचे समझे कुछ न कुछ लिख देता हूँ क्योंकि मैं तुम्हारे साथ अपने जीवन की सभी हकीकतें बांटना चाहता हूँ कुछ कमीने लोग हमेशा ही दूसरों की जिंदगी में टाँग अड़ाने की कोशिश करते रहते हैं। मेरी प्यारी रूपा। मेरे लिए दुनियाँ की इन सौगातों की कोई कीमत नहीं। मैं तुम्हारे लिए सारे संसार की बादशाहत को छोड़ सकता हूँ, हर तरह की दौलत को ठोकर मार सकता हूँ। मुझे तुम्हारी कीमत पता है जिसका अनुमान न दहेज से, न सौंदर्य से बल्कि एक प्यार भरे दिल से लगाया जा सकता है। तुमने मेरे शरीर के एक-एक ज़र्रे पर इस तरह कब्जा कर लिया है कि अगर अब तुम स्वयं भी मुँह मोड़ लो तो मैं समझूँगा इस संसार में अकेला ही आया था और अकेला ही चला जाऊँगा। रूपा डार्लिंग! मेरी ओर से निश्चिंत रहो, इस दुनिया जहान की कोई भी ताकत मुझे तुमसे अलग नहीं कर सकती इस भ्रष्ट समाज और इसके कटाक्षों को धक्का मारकर परे फेंक दूँगा, मैंने बापू जी को साफ-साफ लिख दिया है और उनको तसल्ली हो गई है।

आज मैं बैडमिंटन खेलने गया था वहाँ जाकर दोस्तों से सलाह बन गई फिल्म देखने की, वहाँ से 10½ बजे वापिस आया, सुबह 7½ बजे दफ्तर पहुँचना है इसलिए जल्दी-जल्दी लिख रहा हूँ।

ठीक है तुम जिस गाड़ी से मर्जी है जाओ, मिलो या न मिलो, पानी को तो आखिर पुल के नीचे से ही बहना है जल्दी ही पुल भी पार हो जाएगा।

मैंने तुम्हारा पत्र फिर पढ़ा, लगा तुम्हें अभी भी मेरे पर शक है। यदि मैं हनुमान की तरह दिल खोल कर बता सकता तो तुम देख लेती कि केवल तुम ही इसमें रह सकती हो। यह मन्दिर तो मेरे प्यार की देवी के लिए ही बना है। पिक्चर देखते हुए भी मेरा ध्यान तुम्हारी ओर ही था। मेरी एक ही तमन्ना है कि तुम्हें अपना बना सकूँ। मुझे दुनिया की दौलत नहीं चाहिए। झूठा सौन्दर्य नहीं चाहिए। मुझे सिर्फ रूपा चाहिए। जैसी भी है क्योंकि वह मेरे विचारों से मिलती तस्वीर है।

मेरा प्रोग्राम फिर बदल गया है मैं 16 अप्रैल को चलूँगा 17 को मेरी इंर्टव्यू है मेरे अपने महकमें में ही स्टोर के निरीक्षक के पद पर अब अगर चाहो तो अपना प्रोग्राम मेरे साथ बना सकती हो। मैं तुम्हारे वाली गाड़ी से ही आ सकता हूँ 18 अप्रैल को।

तुम्हारा सूरज

जींद 8/4/53 2.00 p.m.

मेरे अपने सूरज

मैं तुम्हारे पत्र का बड़ी बेसबरी से इंतजार कर रही थी जैसे-जैसे मिलने की घड़ियाँ पास आ रही हैं मेरी उत्सुकता बढ़ रही है। हमने भी गम भुलाने के लिए पिक्चर देखी "साकी" इससे तो दर्द और बढ़ गया। ऐसा लग रहा था शांष शांय, शांय करती हुई आंधी की लहरों ने तूफान को और तेज कर दिया है। स्कूल से आकर सोने का प्रयत्न

किया, सोचा तुम्हारे सपने ही आ जाएँ पर निद्रा देवी ने बताया तुम्हारे दिल की कुंडी खोलकर कोई कब्जा जमाकर बैठा है। उसने तो सारे रास्ते बंद कर रखे हैं, मैं आऊँ तो कौन से रास्ते से। दरवाजा खोला तो तुम्हारी चिट्ठी पड़ी थी। जैसे कोई भूखा इंसान खाने की थाली पर झपट पड़े। धक-धक् करते हृदय से खोली। जो मेरा अंदाजा था कि तुमने क्या लिखा होगा। बिल्कुल सही निकला मैंने तो बिना उत्तर आए तुम्हारे विचारों को पढ़ना शुरू कर दिया है।

जब मैंने पहली चिट्ठी लिखी थी तो मेरा केवल यही इरादा था कि एक नौजवान जो मेरे साथ केवल दो बातें करना चाहता है। उसे क्यों न मौका दिया जाय यह समझने का, कि वह कोई घाटे का सौदा नहीं कर रहा। आखिर स्कूल कालेज में कितने ही लड़कों से बात कर लेते हैं, कभी कुछ अटपटा नहीं लगा। पर अब तो तुमने मेरे दिलो-दिमाग और जीवन के प्रत्येक पल और विचार पर नियंत्रण कर रखा है कि इसे तो प्यार का एक खजाना बना दिया है। मेरे अस्तित्व पर वह छोटी-सी तमन्ना एक अदना सी मुलाकात के लिए, हावी हो गई है! मुझे लगता है तुम्हारे दिल के सिंहासन पर मेरा कब्जा हो गया है इस पर अब किसी और का हक नहीं, मुझे इतनी छूट देने के लिए धन्यवाद। इस बार तुम्हारी 4/4/53 को लिखी हुई चिट्ठी 8/4/53 को पहुँची है। यह पहली बार हुआ है कि देश का डाक विभाग सुस्त पड़ गया है पहले तो बिल्कुल टाईम पर पहुँचती थी ठीक तीसरे दिन, पहली डाक से।

मैं 18/4 को 10.45 की गाड़ी से जाऊँगी जो सीधे दिल्ली से वाया जींद और बठिंडा होकर कोटकपूरा पहुँचती है। क्यों शीशा लाना चाहते हो? अपनी मिसिज को दिखाने के लिए, मैं तो भूत-भूत कहकर चिल्ला पडूँगी।

अच्छा यह तो बताओ यदि हम दोनों उसी गाड़ी से आए तो मुझे पहचानोगे कैसे? मैं तो फिर भी थोड़ा बहुत अंदाजा लगा सकती हूँ

पर अगर तुमने किसी और लड़की की ओर मुस्करा कर देख लिया तो आपका क्या होगा? पंजाब की लड़कियां इस मामले में बड़ी तेज होती हैं, देख लो।

प्यार से तुम्हारी रूपा

कानपुर 10/4/53 9.40 p.m.

प्यारी रूपा

तुम्हारी चिट्ठी मिली, तुम्हारे प्यार की मिठास को महसूस किया। मुझे इतना अच्छा लगा कि मैंने अपने मित्र को तीन गेमों में हरा दिया। मैं तो तुम्हारे पत्र का कल ही इंतजार कर रहा था और बहुत बेकरार और चिन्तित था। कई बार तुम्हारे साथ भी नाराज हो रहा था। यह बात मेरा मन मानने को तैयार नहीं था कि देरी तुमने जान बूझ कर की होगी। मैं तो सारा दिन तुम्हारे मीठे-मीठे सपने लेता रहता हूँ फिर देरी होने से बेकरार न होऊँ यह मेरे बस की बात नहीं।

मुझे भी देश के डाक विभाग से नाराजगी है। मैं स्वयं जाकर 4/4 को पोस्ट करूँ और तुम्हें 8/4 को मिले ऐसा पहली बार हुआ है। ठीक है तुम्हें 18/4 को मिलूँगा जींद स्टेशन पर, पहचानने की ड्यूटी तुम्हारी क्योंकि तुम्हारे पास मेरी फोटो है फिर भी कुछ निशानी बताता हूँ। सफेद कमीज, क्रीम कलर की पैंट, काले गौगलज, तुम्हारा भेजा हुआ रूमाल दाएँ हाथ में, मैं लेडीज के डिब्बे के साथ वाले डिब्बे के दरवाजे पर खड़ा होऊँगा। एक बात, दो रोटी मेरे लिए भी लेते आना।

तुम्हें कोई हक नहीं मेरी मिसिज़ को भूत कहो, खबरदार। जो आगे से इस शब्द का प्रयोग किया।

डीयर रूपा! तुम्हारा नाम मुझे बड़ा अच्छा लगता है मैं इसे बार-बार कागज पर लिखना चाहता हूँ। यदि कोई पागल समझे, मुझे परवाह नहीं।

मैं कई बार तुम्हारे भाई से तुम्हारे बारे में कुछ पूछता हूँ तो उनके अटपटे और उल्टे सीधे उत्तर सुनकर मुझे हँसी आ जाती है।

अच्छा फिर मिलेंगे 18/4 को इन दिनों मेरा भी तुम्हारे जैसा हाल है तुम मेरे चारों ओर घूमती रहती हो।

प्यार सहित सूरज

जींद 10/4/53

प्यारे सूरज

मुझे अफसोस है 18/4 को तुम्हारे साथ जा नहीं पाऊँगी अपना प्रोग्राम अपने हिसाब से बना लो। मेरी बहन, जीजा और उनकी छोटी बेबी यहाँ 15/4 को आ रहे हैं वह जींद देखना चाहते हैं और उन्हें पक्की हिदायत है कि मुझे साथ लेकर आएँ, शायद खतरा है मैं कहीं भाग न जाऊँ। उन्हें हमारे पत्र व्यवहार के बारे पता नहीं। अब मैं क्यों भागूँगी और कहाँ जाऊँगी, पर वह पहली धमकियों से घबराए हुए है। साध्वी बनने के डर से।

मैं तो अपने प्यार के शाहजादे को मिलने के लिए बेताब हूँ। और उसी के पास भाग कर आ जाना चाहती हूँ। मुझे 15/4 के बाद मिलने वाला कोई पत्र न लिखना, अगर आवश्यक हो तो बाहर लिख देना, मोहिनी गुप्ता, सहारनपुर।

तुम्हारी रूपा

कानपुर
11/4/53 10.00 p.m.

प्यारी रूपा

इस बार तुम्हारी चिट्ठी जल्दी मिली, शायद एक ही पेज की थी जो 10/4 को Post करके 11/4 को ही उड़ कर आ गई मुझे बड़ा आश्चर्य हो रहा था क्योंकि कल ही तो मिली थी तुम्हारी 8/4 की चिट्ठी लगा कोई जरूरी बात होगी।

ठीक है जिस गाड़ी से मर्जी जाओ, हम तुम्हें डिस्टर्ब नहीं करेंगे। फिर तो मैं 17/4 को ही रात की गाड़ी से जाऊँगा तुम्हारे खुशी भरे सफर के लिए शुभ कामनाएँ। उम्मीद करता हूँ कहीं भाग नहीं जाओगी।

हर बार मैं तुम्हें बताना भूल जाता हूँ हमारे घर में भी किसी की शादी है 20 अप्रैल को, तुम्हें बुलाया है। मैं स्वयं ही आकर तुम्हें ले जाऊँगा जब मैं सारे प्रोग्राम के बारे में सोचता हूँ तो लगता है समय गुजारने के लिए हमारे पास बहुत थोड़े दिन है। कोशिश करेंगे उसका पूरा फायदा उठाएँ।

प्यार सहित तुम्हारा सूरज

जींद 13/4/83 2.28 p.m.

डीयर सूरज

तुम्हारी चिट्ठी आज सुबह मिली वैसे भी 12 बजे छुट्टी हो जाती है। स्कूल का टाईम आजकल 7 से 12 तक है। उम्मीद है 10/4 की चिट्ठी मिल गई होगी अब तो 20/4 को ही मिल पाऐंगे, आखिर पानी तो पुल के नीचे ही बहेगा और पुल बनेगा 20/4 को 18/4 को नहीं।

आजकल बहुत बेकरारी है। एक और पिक्चर देखी 'बहार' बड़ी अच्छी पिक्चर है सामाजिक बुराइयों के बारे में, इसके गाने भी अच्छे हैं।

"प्यार की बहार लेके दिल का करार लेके, आजा रे आजा परदेसिया, आजा परदेसिया" और

"घर आजा परदेसी, तेरी याद सताए रे"

मैं आज बहुत दिनों बाद गुरुद्वारे गई, सोचा, शायद गुरु महाराज की शरण में जाकर दिल को करार आ जाए पर वहाँ भी आपको भूल न सकी।

मैं कई बार बहुत ऊल-जलूल बाते लिख जाती हूँ मिलने पर याद मत दिलाना नहीं तो मैं हँसना शुरू कर दूँगी।

आज बड़ा अजीब सपना आया तुम थोड़ी दूर पर बैठे हो। मैं बाते करती जा रही हूँ पर तुम कुछ उत्तर ही नहीं दे रहे, खाना भी तैयार था। मैं झगड़ना चाहती थी कि न खाना खा रहे हो न मेरी बात का उत्तर दे रहे हो, तुम फिर थोड़ा पीछे हट गए और मेरी आँख खुल गई। मैं बहुत घबरा गई हूँ। देखना वास्तविक जिंदगी में ऐसा नहीं होना चाहिए।

प्यार सहित तुम्हारी रूपा

कानपुर 14/4/53 7.00 p.m.

प्यारी रूपा

तुम्हारी चिट्ठी अभी-अभी मिली तुम्हारी चिट्ठीयाँ तो मेरे लिए प्रेरणा का स्रोत हैं प्राप्त करते ही स्फूर्ति आ जाती है। मैं तो सोच रहा था 2, 3 दिन पहले मिल लेंगे चलो जो भी होता है, अच्छा ही होता है।

मैं भी दिल बहलाने के लिए गंगा तट पर वैशाखी का मेला देखने गया। सपने तो मुझे भी बहुत आते हैं पर पता नहीं तुम्हें लड़ाई वाला सपना क्यों आया। मेहरबानी करके असली जीवन में यह मत दुहराना नहीं तो लोग मेरी पसंद का मजाक उड़ाऐंगे।

जब भी मैं 20 अप्रैल को याद करके अग्नि के चारों ओर 7 चक्कर लगाता हूँ तुम्हारे ऊपर लम्बा घूंघट ही देखता हूँ। वैसे मेरे परिवार में भी पर्दा सिस्टम है पर मुझे पसंद नहीं।

अच्छा जी जब मैं तुम्हारे घर आऊँ तो याद रखना तुमने ही मुझे बुलाया है। मेरे आराम का ख्याल रखना यदि तुम घर के एक कोने में छुपकर बैठ गई तो मैं नाराज हो जाऊँगा कल हम एक कवि सम्मेलन में गए। किसी कवि की दो लाईनें हमें बहुत पसंद आई।

"दुनियाए तसव्वर हम,
आबाद नहीं करते।

याद आते हैं वह खुद ही,
हम याद नहीं करते।"

तुम्हारी लिखी हुई कविताओं की लाईनों में तो अलग ही भावनाएँ हैं जो हमें दूसरी दुनियाँ में उड़ाकर ले जाती हैं। मैं उन शब्दों को तुम्हें अपने सामने बिठाकर अनुभव करना चाहता हूँ, वास्तव में जीना चाहता हूँ उन पलों को जो साकार रूप में मुझे अपने में समेट लेंगे, आत्मसात् कर लेंगे।

मधुर मिलन की प्रतीक्षा में, तुम्हारा केवल तुम्हारा सूरज

8

वह शुभ घड़ी भी आ गई

वह शुभ घड़ी भी आ गई रूपा की माँ उसकी तनख्वाह में से कपड़े वगैरा बना रही थी। बाकी सब लेन देन की चीजें, जो भी पिताजी के बिजनेस से बचता साथ-साथ बनाती रहती वह भी किसी समय इस शहर के गिने चुने व्यापारियों में से एक थे। प्रजा मंडल मूवमेंट के नेताओं की आर्थिक सहायता देने के जूनून में, राजशाही के अत्याचार का शिकार हो गए, बिज़नेस, दुकानों, मकानों पर सरकार का कब्जा हो गया झूठे केसों में फेल हो गया, जिन लीडरों ने उनसे फायदा उठाया था, आजादी मिलने के बाद सब कुछ भूल कर बड़े-बड़े पद पाकर मस्त हो गए, इन्होंने भी जाकर याद न कराया और अपना सिर ऊँचा रखा।

छोटे बहन भाई भी स्कूल में पढ़ते थे, इसलिए गहने न बनवा सके जो कुछ थोड़ा बहुत माँ ने पहना हुआ था तुड़वा कर एक सैट बनवा लिया और चार चूड़ियाँ।

बारात आ गई गाँव से स्टेशन तक पैदल आए, फिर छोटी लाईन की गाड़ी पकड़कर कोटकपूरा पहुँचे, स्टेशन से सबको घोड़ा गाड़ी में बिठाकर लाया गया सूरज के लिए दो घोड़ों वाली सजी सजाई स्पेशल बग्घी का प्रबन्ध किया।

नई-नई कमीजें और फट्टेदार तंबे रंग बिरंगी पगड़ियाँ पहनकर गाँव के 50 बराती कोटकपूरा पहुँचे तो दृश्य देखने वाला था। मुक्तसर बठिंडा, अबोटर वगैरा से इक्का दुक्का रिश्तेदार पजामा पैंट भी पहने हुए थे। दो चार सूरज के दोस्त सूट टाई में भी थे। रूपा की सहेलियाँ खास तौर पर झुंड बनाकर बरात को देखने गईं और हँसी मजाक कर

के वापस आ गईं। आप अंदाजा लगा सकते हो सुबह से चले हुए गाँव के नौजवान जब प्लेटों में सजाई हुई शहरी मिठाईयाँ और खाना खाने लगे तो दोनों समय का बना हुआ खाना खत्म हो गया और रात के लिए दुबारा उतना ही बनाया गया। दूसरे दिन सुबह के नाश्ते के समय भी ऐसा ही हुआ दोपहर के भोजन के बाद डोली भेजने की तैयारी शुरू हो गई। उन दिनों शहरों में एक दिन रख कर अगले दिन दोपहर को डोली भेज देते थे। पर बराती तो अड़ गए, हम तो एक दिन और रहेंगे, हमें तो शहर देखना है। बच्चों के लिए कपड़े खिलौने खरीदने हैं हम तो अभी तक बाजार भी नहीं गए। यहाँ का गुरुद्वारा और किला भी नहीं देखा, वगैरा-वगैरा लेकिन रूपा के घर वाले तैयार नहीं थे। उनका बजट फेल हो रहा था। तीन टाइम और खिलाने से घबरा गए। उन्हें कह दिया गया कि यहाँ पर तो यही रिवाज है।

गुस्सा वहीं से शुरू हो गया रिश्तेदारों ने बापू को बताया जब तुम्हारे बापू की बारात गई थी सब ऊटों और बैलगाड़ियों पर गए थे 8 दिन तक रूके थे। उन्होंने न केवल बारात की खातिर की बल्कि पशुओं को भी बढ़िया चारा खिलाया। लड्डू जलेबियों से कमरा भरा हुआ था, थालियों में डाल डालकर खाया। इन शहरियों ने तो एक-एक नमूना प्लेट में डाल कर पकड़ा दिया, तुमने तो लड़के के लिए भूखे नंगे समधी ढूंढ लिए, हम तो पहले ही कह रहे थे यह पार्टी ठीक नहीं बहुत हल्की है। देख लेना नकदी और सोना भी मिलने वाला नहीं है। हमारे लाए हुए रिश्ते आप ने ठुकरा दिए थे। अब लो मजा इससे तो लाजो का रिश्ता कहीं अच्छा था।

बापू को बहुत गुस्सा आया। सूरज, रूपा और कुछ जवाई वगैरा फर्स्ट क्लास के डिब्बे में बैठे थे बक्से और तोहफे वहाँ रख दिए थे जब फर्नीचर ब्रेक वैन में डालने लगे तो बापू ने कहा हमारे यहाँ ऐसी लकड़ियाँ बहुत पड़ी है यह सब कबाड़ रखो यहीं पर।

मंडी के स्टेशन से गाँव जाने के लिए साथ वाले गाँव से ट्रैक्टर मंगाया गया और डोली चल पड़ी ससुराल को, रूपा बहुत डर रही थी

वह ट्रैक्टर की अगली सीट के कोने पर बैठी थी अब गिरी कि अब गिरी खैर खुशी-खुशी में कोई कष्ट महसूस नहीं हुआ।

रूपा और सूरज को पता भी नहीं था स्टेशन पर क्या हुआ उनका डिब्बा काफी आगे था और वह पहले ही जाकर बैठ गए थे कोटकपूरा जंक्शन है स्टेशन पर छोटी गाड़ी एक घंटा रूकती है इसलिए सब आराम से बैठ गए उन दिनों Reservation होता ही नहीं था।

घर जाकर तो वह हंगामा हुआ कि सारी पृथ्वी कांप गई, घर की औरतों ने बताया बहू ने जो सोना पहना हुआ है 2, 3 तोले से ज्यादा नहीं। सूरज को फटकारा गया क्या यही है तेरी पसंद की लड़की? फेंक दे इसको बाहर, भेज दे जहाँ से लाया है? रूपा तो मूँह ढककर बैठी थी थोड़ा देखने की कोशिश की तो कहा गया पल्लू नीचे करो वह तो रोए जा रही थी। उसका दिल चाह रहा था सचमुच भाग जाऊँ। वह तो एक खिलाड़ी थी स्टेट चैंपीयन, 5 मील भागकर पार करना कोई मुश्किल नहीं था पर उसे तो रेत के टीलों में से रास्ता ही पता नहीं था किधर स्टेशन है। कब और कहाँ गाड़ी आती है।

जीवन में पहली बार उसने अपने आप को इतना कमजोर और असहाय समझा, वह तो हमेशा ही हँसती रहती थी। हल्की-फुल्की बातें करके मजाक करते रहने की आदत थी। यह अचानक क्या हो गया क्या इसी को शादी कहते हैं? कहाँ गई उसकी बहादुरी? उसे ऊँट पर चढ़ने का शौक खत्म हो गया, सूरज को लिखी हुई सारी चिट्ठीओं के मजमून भूल गए। यह कैसा लड़का है जिसे मैं अपने प्यार का शहजादा समझ बैठी थी, वह इतना कमजोर है? बड़ी-बड़ी बातें करता था अब कुछ बोलता ही नहीं। कुछ देर बाद उसके पास आकर आँसू पोंछने के लिए रूमाल पकड़ा गया। मामी ने शोर मचाया वह तो पहले ही सूरज से नाराज थी, उसकी छोटी बहन का रिश्ता ठुकरा दिया था सूरज ने-बोली देखो, देखो! कितना बेशर्म है। रूमाल दे रहा है पास जाकर। लेकिन उसने परवाह न की पास आकर धीरे से बोल गया फिक्र न

करो हम लोग परसों यहाँ से चले जाएंगे। कोई कुछ भी बोले चुपचाप सुन लो, मैं हमेशा तुम्हारे साथ हूँ। उसने रोना बंद कर दिया।

हनीमून जो कुछ भी होता है। उसकी तो प्रतीक्षा ही समाप्त हो गई, बड़े कोठे के एक ओर प्राईवेसी के लिए चद्दर टाँग कर उसकी चारपाई बिछा दी गई। रूपा रो-रो कर बेहाल हो रही थी। रोते-रोते झपकी आ गई उसकी सब उम्मीदें खत्म हो गईं अब क्या होगा? क्या यही होती है सपनों की दुनिया?

सूरज आया और उसको लेकर एक ओर बने छोटे कमरे में ले गया जिसमें एक ओर अनाज की बोरियाँ रखी थी और चारपाई बिछी थी उसके सब बहन भाई इसी कमरे की बदौलत इस संसार में आए थे वह बैठे सारी रात बातें करते रहे, एक दूसरे को जिंदगी भर प्यार करने के वादे और सुबह होने तक केवल एक प्यार भरा आलिंगन करने का ही समय मिला।

दूसरे दिन मुहल्ले की लड़कियाँ मिलकर सुबह खेतों की ओर गईं नई भाबी का लिहाज करके पानी का लोटा किसी ने पकड़ लिया। उपलों के पिरामिड के एक ओर होकर उसने अपना-अपना काम निपटाया लड़कियों ने पूछा क्या हुआ रात को भाबी? होना क्या था कुछ नहीं हुआ रात सोने के लिए होती है। हम सोए रहे नहीं-नहीं झूठ बोल रही हो बता बिल्ली किसने मारी बिल्ली? क्यों बिल्ली का क्या कसूर है? लड़कियाँ हँसती रही। छोड़ो भाबी! हमें सब पता है छुपाने की जरूरत नहीं।

दो दिन बाद ऊँट पर बैठकर स्टेशन पहुँचे। सारा सामान, सब गहने कपड़े वहीं छोड़ रूपा ने एक बैग में चार सूट डाल लिए, बाकी क्या है? दोनों ने नहीं देखा, रास्ते में सब कुछ भूल गए। मूड बदल गया, खेत भी अच्छे लगे, एक स्थान पर मोरों का झुंड भागा जा रहा था उसे पसंद आए। रेत के टीले गिने नहीं जा रहे थे। कभी छोटे कभी बड़े कभी यहाँ, कभी वहाँ हवा और अंधेरी रेत को जिधर

उड़ा कर ले जाए वहीं पर नए ढेर बन जाते। यह कुदरत का एक अद्‌भुत करिश्मा था जो उसने जीवन में पहली बार देखा था, लगा प्रकृति एक निरंतर खिलवाड़ में उन्मुक्त होकर गा रही है। हवा का निरंतर शोर उसे संगीत जैसा जान पड़ा, पहली बार उसने अपने प्यार के शहजादे को जी भर कर देखा और खिलखिला पड़ी।

बठिंडा पहुँचकर कोटकपूरा की गाड़ी पकड़ने के स्थान पर दिल्ली जाने वाली गाड़ी पकड़ ली, बताया हम सीधे जा रहे हैं बापू ने कहा है यदि तुमने इस लड़की को रखना है तो उन शोहदों के घर नहीं जाना और उनसे कोई सम्बन्ध नहीं रखना उन्होंने मेरी नाक काट डाली है बिरादरी में। मैंने किसी के हाथ उन्हें संदेश भिजवा दिया है कि हम दोनों खुश है कोई फिक्र न करना और हम परसों दिल्ली जा रहे है जब बापू का गुस्सा ठंडा हो गया तो आ जाऐंगे।

रूपा का पिता बठिंडा स्टेशन पर खड़ा था एक मिठाई का डिब्बा हाथ में पकड़कर, उसकी आँखों में आँसू थे एक शब्द भी बोल न सका रूपा ने ही उसके गले लग कर कहा मैं ठीक-ठाक हूँ सबको कहना फिक्र न करें, वह 10 रुपये देकर सूरज के कंधे पर हाथ रखकर आर्शीवाद देकर चला गया। घर में तो सब बहुत चिन्तित थे रिश्तेदारों ने सब कहानी बढ़ा-चढ़ा कर ही बताई थी। पता नहीं लड़की का क्या होगा? हमें किसी भी तरह एक दिन और रख लेना चाहिए था। अगर लड़का भी बाप जैसा होता तो रूपा ने तो बस वहीं मर खप जाना था। यदि घर से भाग गई होती तो रास्ते में गीदड़ों और जंगली जानवरों ने खा जाना था वैसे भी रेत के टीलों में गुम होकर कहाँ भटक रही होती बालू में सब सोच ही रहे थे कि क्या करें कहाँ जाएँ इतने में सूरज का संदेश आ गया तो उन्हें थोड़ी शांति मिली फिर रूपा को स्टेशन पर खुश देखकर उनकी सब चिन्ताएँ मिट गईं। फिर भी सुनते रहे लाजो के पिता ने बहुत मजाक किए देख लिया मजा क्या मिला तुझे सारी उमर खर्चा करके 2 तोले सोना? वह तो गाँव जाकर माफी भी नहीं माँग सकते थे। असली बात तो थी कि

दहेज कम था। यही नग्न सच्चाई थी उनके पास तो अपना कोई मकान भी नहीं बचा था नहीं तो बेचवा नगदी सोना वगैरा दे आते सब भगवान् भरोसे छोड़ दिया।

रूपा और सूरज ने 10 दिन की छुट्टी ले रखी थी और 24 को ही चल दिए कहीं कोई इंतजाम भी नहीं किया था। रास्ते में जींद उतर गए और बाकी छुट्टियाँ वहीं बिताईं। वह उनका हनीमून था एक दिन स्कूल जाकर रूपा ने एक महीने की छुट्टी ली और कानपुर आ गए।

सूरज के घर आकर सारे काम भूल गए वह खाना बनाती सूरज 10 से 5 तक दफ्तर जाता शाम को साईकिल पर बैठकर गंगा नदी पर बोटिंग करने जाते पार्क में बेंच पर बैठकर गीत गाते। यही था जीवन का मीठा अनुभव। 18/5/53 को सींदरी फर्टीलाइजर्स से उसका नियुक्ति पत्र आ गया। एक महीना इक्ट्ठे रहने के पश्चात् 20/5/53 को फिर बिछुड़ गए। इस थोड़े से समय में उन्होंने जिंदगी के सब उतार चढ़ाव देख लिए हकीकत का सामना किया और हँसी भरा उन्मुक्त समय भी बिताया। रूपा ने वापिस जींद आकर छुट्टी कैंसिल करवाई और स्कूल ज्वाइन कर लिया एक बार फिर चिट्ठीओं का सिलसिला शुरू हो गया पता नहीं कब तक डिपार्टमेंट में बात फैली हुई थी रूपा की शादी एक इंजीनियर से हुई है वह बहुत दूर बिहार में रहता है। वह नौकरी छोड़ने वाली है। उसके स्थान पर ट्रांसफर करवाने के लिए लोग भागदौड़ कर रहे थे किसी को क्या पता था रूपा किन तूफानों से गुजरी है। किस प्रकार की झंझावतों का मुकाबला करते हुए किनारे पर आकर बैठी है। नौकरी छोड़ कर कहाँ जाएगी? एक अनिश्चय की स्थिति आशा-निराशा का संघर्ष।

9

एक अनिश्चय की स्थिति

सहरपुरा 21/5/53

डीयर रूपा

उसने पहुँचते ही पोस्टकार्ड लिखा, मैं यहाँ राजी खुशी पहुँच गया हूँ और आज दोपहर को ज्वाइन कर लिया है, बाकी फिर।

तुम्हारा सूरज

दिल्ली 21/5/53

डीयर सूरज,

मैं ठीक ठाक पहुँच गई थी पर केवल शारीरिक रूप में यह हावड़ा मेल कितनी बेरहम है जिसने मुझे आपसे अलग कर दिया पुराना जमाना अच्छा था जब न गाड़ियाँ थीं, न बसें बिछुड़ने का मौका नहीं आता था। बाकी सब जींद जाकर लिखूँगी।

सहरपुरा 25/5/53

मेरी डार्लिंग रूपा

तुम्हारी चिट्ठी कल मिली, ऐसा लग रहा था, सपनों में बातें कर रहे हैं। जब मैं तुम्हें तूफान मेल में बिठाकर, हावड़ा मेल में वापिस आया, तो मेरा मन उदास था, मैं फिर उठकर तुम्हारी गाड़ी की ओर आया पर वह जा चुकी थी। मैं दो दिन अपने दोस्त के पास रूका जिसका पता मैं तुम्हें देकर आया था। आज मैंने अपने कमरे में शिफ्ट कर लिया है। एक और इंजीनियर के साथ मिला है, यहाँ पर अभी परिवारों के लिए घर नहीं बने। मैं कोशिश करूँगा कहीं इंतजाम हो

जाय। यहाँ पर एक हाई स्कूल है जिसे सींदरी फर्टीलाइजर्स और केमिकल्स की प्रबन्धक कमेटी चलाती है। एक स्थान खाली है दरख्वास्त भेज देना। मिल गई तो दोनों को एक मकान मिल सकता है विशेष स्थिति में।

यहाँ पर कानपुर से ज्यादा गर्मी है। दामोदर दरिया यहाँ से थोड़ी दूर ही है। शाम को सैर करने के लिए अच्छी जगह है यह बहुत बड़ी फैक्ट्री है, मुझे अमोनिया प्लांट में ड्यूटी मिली है। अभी तो मैं जैनरल शिफ्ट में हूँ पर जब काम सीख जाऊँगा तो मुझे शिफ्ट ड्यूटी मिलेगी खाने का कोई अच्छा प्रबन्ध नहीं, किसी न किसी होटल या कैंटीन से खा लेता हूँ, मैं हर समय तुम्हें अपने आस-पास ही देखता हूँ। तुम्हें पुकारना चाहता हूँ, परन्तु मुझे डर है मेरी आवाज तुम तक पहुँच नहीं पाएगी तुम्हारी याद मुझे हर एक परिस्थिति का सामना करने की प्रेरणा देती है और जुदाई सहने की शक्ति, अच्छा अब सपने में ही मिलेंगे।

यह बस्ती बहुत बड़ी है पर सब जगह कंस्ट्रक्शन चल रही है, जब पूरी हो गई तो बहुत बड़ा टाऊनशिप बन जाएगा। यहाँ थोड़ी सी दुकाने हैं जहाँ पर आम जरूरत की वस्तुएँ मिलती हैं। सड़क पर मंगलवार और शुक्रवार को बहुत बड़ा बाजार लगता है, जिसे हाट कहते हैं। वहाँ जाकर सप्ताह भर के लिए सामान खरीद लेते हैं। धनबाद स्टेशन यहाँ से 16 मील दूर है। कल मैं अपना साईकिल छुड़वाने के लिए स्टेशन गया था, आते हुए साईकिल पर ही आया, बड़ा अच्छा लगा। मैं बड़े भारी मन से इक्ट्ठे बिताया हुआ महीना याद करता हूँ।

तुम्हारा अपना सूरज

जींद 28/5/53 2.30 p.m.

मेरे अपने सूरज,

जब मैं आधी छुट्टी में घर आई तो तुम्हारी चिट्ठी मिली, स्कूल कुछ ही गज के फासले पर है पर पत्र की प्रतीक्षा में रास्ता बहुत लम्बा हो गया, नहीं तो अगले 24 घंटे बिताने मुश्किल हो जाते।

एक महीने की सुनहरी यादें हमेशा मेरे चारों ओर घूमती रहती हैं। मैं आँखें बंद करके उन्हीं दृश्यों को देख रही हूँ, तुम्हारे बगैर एक मिनट भी काटना मुश्किल हो रहा है। जब पाँच बजते हैं; कल्पना में ही तुम्हारी साईकिल की घंटी की आवाज सुनकर मैं दरवाजा खोलती हूँ तो मेरी आँखों में आँसू आ जाते हैं। मेरी सब शरारतें और हँसी मजाक खत्म हो गए हैं।

तुमने कहा है, हम सपने में मिलेंगे पर सूरज मेरे। सपने तो तभी आऐंगे, जब नींद आएगी। मैं तो रात को 10, 12 बार अचानक जाग उठती हूँ।

मैं पहले इस तरह की बातें सुनकर लोगों का मजाक बनाया करती थी। मुझे नहीं पता था, जुदाई की घड़ियाँ इतनी बेदर्द और कठिन होती हैं।

हमारी गर्मी की छुट्टियाँ 13 जून को होंगी। मुझे लग रहा है यह सब दिल्ली में ही काटनी पड़ेंगी। मैंने प्रार्थना पत्र भेज दिया है। किन्तु खाली स्थान तो संस्कृत या मैथ्स के लिए हैं दोनों ही मेरे विषय नहीं है। दिल्ली में सब पूछ रहे थे अकेली आई हो, पहली बार तो मायके आने पर सूरज को साथ आना चाहिए था। मैं भरे हुए गले से इतना ही कह सकी, वह तो भाग गया है बहुत दूर।

हमेशा तुम्हारी रूपा

सहरपुरा 1/6/73 3.00 p.m.

बहुत प्यारी रूपा

फैक्ट्री से वापिस आने पर तुम्हारी चिट्ठी मिली। यहाँ पर कुछ देरी से ही मिलती है, मैं तुम्हारी चिट्ठी कई बार पढ़ता हूँ फिर भी तसल्ली नहीं होती, मैं तुम्हारी पहली चिट्ठीयाँ तुम्हारे पास ही छोड़ आया हूँ नहीं तो उनको ही पढ़ता रहता, अब मेरी जायदाद में केवल दो ही चिट्ठीयाँ हैं, पर्स में तुम्हारी फोटो हमेशा रहती है, उसे बार-बार देखता रहता हूँ।

मेरे पास एक ही कमरा है जिसमें हम दो लोग रहते हैं यहाँ मकानों की बहुत तंगी है अभी थोड़े ही घर बने हैं एक-एक में दो तीन परिवार इक्ट्ठे रहते हैं, लगता है सबको घर मिलने में कई महीने लग जाऐंगे।

आजकल मेरी शिफ्ट ड्यूटी शुरू हो गई है। मैं रात की शिफ्ट में हूँ, जिंदगी में पहली बार मैंने रविवार को काम किया और वह भी रात को, 10 बजे से सुबह 6 बजे तक ड्यूटी है। सात दिन काम करने के पश्चात् 2 दिन की छुट्टी मिलेगी।

यहाँ पर एक क्लब भी है। इनडोर गेम भी हैं। पेपर और मैगजीन भी होते है, बिल्कुल गाँव जैसा वातवरण है। सिनेमा देखने के लिए लोग झरिया जाते हैं जो यहाँ से 12 मील दूर है।

कल हम साईकिलों से दामोदर दरिया पर घूमने गए, फैक्ट्री और कॉलोनी के लिए पानी यहीं से आता है। जब भी अकेला होता हूँ तुम्हारी बहुत याद आती है, वह सब कुछ एक सपना ही लगता है।

डीयर रूपा! यह विरह का समय तो कुछ ही दिनों का है। इसे अपने रास्ते की रूकावट नहीं बनना चाहिए। हमें एक दूसरे से प्रेरणा लेनी चाहिए। उसके बाद दुनियाँ की कोई ताकत हमें अलग नहीं कर सकेगी। तुमने स्वयं ही एक बार लिखा था। प्यार कोई अग्नि नहीं जो जला देती है। यह तो स्वर्ग का अमृत है जो जीवन देता है, फिक्र न करो मेरी संगिनी! मेरा सारा प्यार तुम्हारे लिए ही रिजर्व है। मैं भी अपने आप को हौसला देता रहता हूँ।

"उड़ पंछी उस देश को जा,

जहाँ रहता है दिल प्यार भरा"

चाहे शारीरिक रूप से हम दूर है आत्मिक रूप से इतने नजदीक हैं कि एक दूसरे के दिल की धड़कन सुन सकते हैं। वैसे भी केवल

24 घंटे की दूरी है। जब कभी चाहें मिल सकते हैं। मैं सितम्बर में आऊँगा, यदि कुछ चाहिए तो लिखना।

तुम्हारा एक बेदर्द प्रेमी सूरज

जींद 31/5/53 8.50 p.m.

मेरे प्यारे सूरज मेरे जीवन की
रोशनी,

मैंने सोचा था जब तुम्हारी चिट्ठी मिलेगी तभी उत्तर दूँगी पर मैंने तो अभी से अपने विचारों को कागज पर उतारना शुरू कर दिया है। चाहे तुम मुझे बेवकूफ ही समझो, मेरे विचार तुम्हारी ओर इस प्रकार से दौड़ रहे हैं जैसे लोग पत्थर की मूर्ति को जानदार समझकर उसके द्वारा भगवान को संदेश भेज देते हैं। अपनी श्रद्धा का नमूना समझकर उसकी पूजा करते हैं और अपनी सारी आशाओं और उम्मीदों का केन्द्र मान कर उस पर न्योछावर हो जाते हैं।

कभी-कभी मुझे अपने पर भी गुस्सा आ जाता है। क्यों मैंने यह सब शुरू होने दिया अपना दिल, दिमाग और पूरी विचार शक्ति, प्यार की कल्पनाओं पर बलिदान कर दी। मैं तो बिल्कुल बेपरवाह जीवन जी रही थी। क्यों दर्द के साथ समझौता कर लिया? फिर यह सोच कर दिल को सान्तावना देने का प्रयत्न करती हूँ। चाहे मेरे प्यार का देवता मेरी उम्मीदों का केन्द्र मुझसे दूर है। कोई तो है कहीं न कहीं जो मेरा बिल्कुल अपना है। यह दुनियावी रिश्ते कब तक साथ देंगे। प्यार तो दुनियाँ जहान की सरहदों से परे होता है। हर जन्म के पश्चात् फिर से नया होकर मिलेगा।

मैं भूतेश्वर मंदिर गई, जींद में हमने अपनी छुट्टियों के बाकी दिन गुजारे थे, क्योंकि शादी के बाद तुम्हारे गाँव में तो मेरी साँसे ही चलनी बंद हो गईं थी। हमने 3 दिन एक दूसरे को तसल्ली देते हुए रोते-रोते बिताए थे। असली हनीमून तो 24 अप्रैल को ही शुरू हुई थी। तुम्हें याद

होगा उस मंदिर के सरोवर में चाँद अपनी पूरी खूबसूरती से जगमगा रहा था, पर एक स्थान पर पहुँचने पर वह दिखाई नहीं देता था। जब हम वहाँ पहुँच कर बैठे तो मैंने कहा, मुझे तो यहाँ भी दिख रहा है। तुमने पूछा कहाँ? मैंने तुम्हारे चेहरे की ओर इशारा करते हुए कहा, यहाँ! हम दोनों खिलखिला कर हँस पड़े हमें हँसते हुए देखकर सरोवर की लहरें भी मचल गई और ऊपर नीचे होने लगी, जैसे वह भी हमारी खुशी में शरीक हो रही हों। कल मैं वहाँ गई तो मुझे रोना आ गया। मेरे सूरज! सितम्बर तो बहुत दूर है। मेरी गर्मी की छुट्टियाँ बर्बाद हो जाऐंगी और मुझे दिल्ली ही रहना पड़ेगा। मैं अपने घर भी नहीं जा सकती, क्योंकि तुम्हें हुक्म है, न खुद जाना है न मुझे जाने देना है। जींद भी अकेले रहना बड़ा अटपटा लगेगा, छुट्टियों में।

समझ नहीं आ रही हम कब बैठकर अपने भावी जीवन की योजनाएँ बनाऐंगे। मैं नौकरी छोड़कर हमेशा के लिए तुम्हारे साथ रहना चाहती हूँ।

आपकी रूपा

सहरपुरा 4/6/53 1.30 p.m.

मेरी प्यारी जीवन साथी

मुझे तुम्हारी बहुत ही आकर्षक चिट्ठी मिली, जिसे पढ़कर उन मीठी यादों की तीव्रता और भी बढ़ गई, जिसकी पूजा में इतनी शक्ति है कि पत्थर को भगवान् बना सके। जिसने मेरे जीवन को पूर्णता प्रदान की है। मेरी हिम्मत नहीं, उसे बेवकूफ कह सकूँ। आप अपने आपको जो मर्जी कहती रहो। मैं भी तुम्हें सितम्बर में मिलने को बेकरार हूँ और उन सुहावनी घड़ियों के इंतजार में हूँ जिसके बाद बिछुड़ना नहीं पड़ेगा। मैंने तुम्हारी अप्लीकेशन दे दी है। पर सरकारी दफ्तरों में काम धीरे-धीरे ही होता है। सबर का फल हमेशा मीठा होता है।

हमारी रात की शिफ्ट की पहली रात का अनुभव बड़ा मजेदार है जिंदगी में मैंने पहली बार रात की ड्यूटी दी। दिन के समय सोने की

कोशिश करता रहा पर नींद न आई। 9 बजकर 45 मिनट पर मैंने अपना साईकिल उठाया, पूरी दुनिया सो रही थी, सड़कें बिजली की रोशनी से जगमगा रही थीं। क्वाटरों और बंगलों में से कोई आवाज नहीं आ रही थी। लोग मीठे-मीठे सपने ले रहे थे और हमारा दिन शुरू हो रहा था। मैं जीवन का यह नया अनुभव प्राप्त करने के लिए उत्सुक था। ऊँची नीची सर्पाकार सड़कों पर मेरी साईकिल भागी जा रही थी। लगता था फैक्ट्री के चारों ओर दीवाली मनाई जा रही है।

अमोनिया प्लांट की गैस की स्मैल, इंजनों की आवाज स्टीम की हिश-हिश, सूँ-सूँ चारों ओर बड़ा अजीब सा शोर था मैंने अपनी यूनिट का चार्ज लिया और संध्या की ड्यूटी वाले साथी को रिलीव किया। वैसे काम तो कोई ज्यादा नहीं था। मशीनें तो अपने आप ही चल रही थी। हमें तो कभी-कभी घूम फिर कर ही देखना था। 12 बजे के आस-पास रात की ड्यूटी का असली असर महसूस करना शुरू किया। मेरे साथ 2, 3 लोग और भी थे। वह इससे मेरी पहली रात का मुकाबला करके हँसते रहे। सभी स्टूलों पर बैठकर झपकियाँ ले रहे थे। एक कोने पर एक फिट्टर सोया हुआ था। मैंने उसके पास एक पाईप फेंकी, वह हड़बड़ा कर भागा जैसे बम फट गया हो। एक सरदार स्टूल पर बैठा ऊँध रहा था उसने अपनी पगड़ी उतारकर मेज पर रखी हुई थी, किसी ने उसमें बर्फ का टुकड़ा रख दिया और कह दिया, सुपरवाइजर आ गया, उसने सिर पर पगड़ी रखी, झट से खड़े होकर सैलयूट मारा। थोड़ी देर बाद कहने लगा, भाई! यहाँ गर्मी तो नहीं, मुझे क्यों पसीना आ रहा है? वह भी ठंडा-ठंडा सब हँस पड़े कहने लगे। इस टाइम ठंडा पसीना ही आता है। दो बजे सबके लिए चाय आ गई पर उसका असर केवल ½ घंटा ही रहा फिर सब शराबियों की तरह इधर-उधर लुढ़कते रहे 6 बजे चैन मिला तो कमरे की ओर भागा।

जब भी मुझे तुम्हारी याद आती है तुम्हारी फोटो देखकर तसल्ली कर लेता हूँ तुम्हारी चिट्ठी फिर पढ़ता हूँ, दिल उत्साह से भर जाता

है। मेरी परम स्नेही रूपा! मेरा दिल कभी उदासी, कभी खुशी के अहसास में उलझता रहता है। अब मुझे नींद आ रही है।

तुम्हारा अपना सूरज

जींद 2/6/53 3.30 p.m.

मेरे मनमोहने जीवन साथी

पानी तो मछली के बगैर रह सकता है, पर मछली पानी से बाहर जिंदा नहीं रह सकती, मेरा ख्याल है तुम्हें मेरे दिल की तसल्ली से दो आने ज्यादा अच्छे लगते हैं नहीं तो उत्तर देने के लिए मेरे पत्र का इंतजार न करते मेहरबानी करके जल्दी-जल्दी लिखा करो। पहले तो मैं अपनी सहेलियों को छेड़ती रहती थी। क्या हुआ खत नहीं आया तो न सही, कल आ जाएगा पर अब मुझे लगता है वह ठीक ही कहती थी। जो दिल का सारा चैन करार लूट कर ले जाय, वह याद भी न करे तो क्या हालत होती है। सब मेरी बदल रही हालत को देख-देखकर हैरान होती हैं। उनकी छेड़छाड़ का भी कोई जवाब नहीं देती, चुपचाप उदास हो जाती हूँ। आजकल यहाँ गर्मी काफी है पर मेरी चिन्ता से अधिक नहीं, मैं तो खाना भी इस लिए खाती हूँ कि तुम्हारे आने तक जिन्दा रहूँ और फिर हम इक्ट्ठे उसी स्वर्ग में रहें जहाँ पर रूहानी प्रकाश और प्यार की खुशबू होगी, यही सोच-सोचकर मैं वर्तमान की वास्तविकता को भूलकर कुछ समय के लिए विचारों में खो जाती हूँ।

कल मैं अपने कमरे में गा रही थी। "जाते हो तो जाओ मुसाफिर इतना मगर बतलाते जाओ, जिस राह गए परदेसी तुम वह राह हमें बतलाते जाओ।" अचानक बाहर ठक-ठक हुई बाहर एक कुम्हार खड़ा था। बोला, बीबी जी, मेरा गधा गुम हो गया है यहाँ तो नहीं आया। मैंने कहा, यहाँ कैसे आएगा कुंडी तो अंदर से बंद है। अच्छा बीबी जी। मैं कहीं और ढूँढ़ लेता हूँ, मैंने तुम्हें तकलीफ इसलिए दी

थी कि अंदर से मुझे उसी की आवाज आ रही थी, मैंने उसे डांटकर भगा दिया और अंदर आकर मेरी हँसी निकल गई। भाई गधा तो जरूर है। पर वह तो किसी और का है। उसके बाद मैं धीरे-धीरे गाती हूँ। मुझे तुम्हारा गाना भी याद आता है। "जमाना यह समझा कि, हम पी के आए, हम पी के आए।" और "तुम्हें ढूँढ़ ही लेंगे कहीं न कहीं।" मैं तुम्हारी धुनों को सुन-सुनकर हँसती थी कि गीतों की हत्या मत करो। अब भी वह गीत मेरे कानों में गूँजते हैं और मुझे उन लम्हों पर प्यार आ जाता है। तुम तो फिर भी गाते रहते थे। सलामत रहो तुम, और मैं बीच में ही रोककर सुना देती थी। "रूपा की जान जाए, उसे इस बहाने से ही मौत आए।"

हमारी छुट्टियाँ 13 जून से शुरू हैं मुझे अचानक लगने लगा है। मेरे लिए तो दुनियाँ में कहीं जगह ही नहीं रही रहने के लिए, दो महीने दिल्ली में गुजारने बहुत मुश्किल हैं, समझ में नहीं आता क्या करूँ, कहाँ जाऊँ! चलो यह भी कट जाएगी जैसे तैसे।

तुम्हारी रूपा

सहरपुरा 6/6/53 2.50 p.m.

मेरे सपनों की रानी रूपा

तुम्हारी 2/6/ की चिट्ठी मिली, मैंने तो तुम्हें पहले ही कह रखा हैं जरूरी नहीं चिट्ठी आए, तभी उत्तर देना है। इधर का डाक विभाग बहुत सुस्त है। किसमें हिम्मत है 5, 6 दिन तक पत्र का इंतजार करे और फिर जवाब दे। शुरू-शुरू में मुझे यहाँ का वातावरण समझने में समय लग गया। अब आठ घंटे की ड्यूटी के बाद बहुत समय है जल्दी-जल्दी लिखा करूँगा। मुझे अफसोस है, हम छुट्टियों में अलग-अलग रहेंगे, अपनी मजबूरी समझ कर बहुत उदास हो जाता हूँ। क्वाटर मुझे इस वर्ष के अंत तक मिल जाएगा। उसके बाद लम्बी छुट्टी लेकर या नौकरी छोड़ कर आ जाना। मैंने बापू जी को लिखा है। यदि उत्तर न

मिला तो दिल्ली ही चले जाना वहाँ जाकर M.A. की तैयारी करना, यदि नौकरी करते रहने का विचार है तो M.A. करना अच्छा रहेगा।

मेरी जीवन साथी। तुमने लिखा है मेरी वजह से तुम्हें अपने स्वभाव में बहुत तबदीलियाँ लानी पड़ीं, यह मनोवैज्ञानिक रूप से ठीक नहीं, शादी को बंधन मत समझो, सिर ऊँचा करके रखो, मैं नहीं चाहता कि एक बेदर्द परदेसी के लिए तुम अपना अमन चैन खराब कर लो। तुम्हारी गधे वाली कहानी बड़ी मजेदार है। पर हाय रब्बा। जींद में हमारा तो कोई गधा नहीं, बस एक प्रेमिका है, बहुत ही प्यारी।

मैं फिर कहता हूँ खुश रहा करो, जितनी भी जुदाई की घड़ियाँ काटनी हैं बिना शिकायत किए खामोशी से सहन कर लो, खेल की भावना से, क्या करें मजबूरी है।

मैं तुम्हारे गाने खुद गाने की कोशिश करता हूँ पर उनमें कोई गहराई नहीं होती, मैं तुम्हारी चिट्ठी 8, 10 बार पढ़ता हूँ फिर भी तसल्ली नहीं होती।

तुम्हारी याद में सूरज

जींद 4/6/53 3.15 p.m.

मेरे बहुत ही प्यारे सूरज, मेरे जीवन साथी

मैं हमेशा तुम्हें याद करती हूँ और तुम्हें अपने पास न पाकर रोने लगती हूँ। जब भी तुम्हारी चिट्ठी पढ़ती हूँ लगता है मेरे पास ही बैठे हुए हो। मेरा पेन अपने विचारों को आप तक पहुँचाने के लिए जल्दी-जल्दी चलना शुरू हो जाता है और मैं अपने गम भूल जाती हूँ। कुछ ही दिनों की बीती हुई घड़ियाँ मुझे उन सुखद क्षणों की याद दिलाती हैं जो बहुत जल्दी बीत गए।

ठीक है मैं काम करती हूँ क्योंकि भावना से ड्यूटी ऊँची होती है। लेकिन प्यार दुनियाँ के हर अहसास से ऊँचा होता है केवल वही

इंसान इस समाज में तरक्की कर सकता है जो सच्चे मन से किसी को प्यार करता है। और उस प्यार का हक अदा करने के लिए ज्यादा से ज्यादा मेहनत करता है। सूखे और मुरझाए हुए दिलों में न तो काम करने की चाहत होती है न ही जीने की तमन्ना, वह तो मशीन की तरह काम करते रहते हैं।, ताकि सांसारिक आवश्यकताएँ पूरी होती रहे।

तुम्हारी, प्यार से रूपा

जींद 6/6/53 2.25 p.m.

मेरे प्यारे सूरज।

"जब तुम नहीं होते पहलू में
और लम्बी रातें होती हैं।
याद आके सताती है तेरी
दीवारों से बातें होती हैं।"

आज मुझे तुम्हारे पत्र की प्रतीक्षा थी, पर कमरा खोलने पर कुछ नजर न आया, मैं खामोश होकर चारपाई पर लेट गई आम तौर पर पोस्टमैन 11 बजे से पहले आकर दरवाजे के नीचे से चिट्ठी डाल जाता है। सहसा कमरे में एक पोस्टकार्ड आया, फिर एक इनलैंड, मेरी उठने की हिम्मत न हुई फिर आया तुम्हारा पत्र, दूसरे पत्रों को छुए बगैर मैंने जल्दी-जल्दी खोला और दिल को लगाकर चूम लिया। लगा किसी ने तप रहे शरीर पर ठंडा पानी डाल दिया हो। जैसे तुम्हारे साथ ही मुलाकात हो गई हो, पढ़ते-पढ़ते लगा तुम खुद ही बोल-बोल कर सुना रहे हो।

बचपन से ही मुझे सबसे बहुत प्यार मिला है। पर तुम्हारे वाले प्यार का तो कुछ और ही अहसास है, जो पहले कभी देखा सुना न था। मैं तो एक आजाद पंछी की तरह थी जो टहनी पर बैठकर गा रहा हो और पत्तों के झूले में झूलकर आनन्द मना रहा हो, हवा के मस्त झोंके उसे एक अनन्त सुख दे रहे हों। पर तुमने तो इस आजाद

पंछी को एक सुन्दर पिंजरे में डाल दिया है मुझे फिर भी खुशी है, मैं तो पिंजरे के अंदर भी गाना गा रही हूँ। लगा जैसे एक जोगी बीन बजा-बजा कर साँप को नचा रहा है इस खुशी में तो मैं दुनियाँ जहान को भूल गई, पर अब दिल में मीठा-मीठा दर्द लेकर उन्हीं यादों में गुम हो जाती हूँ।

तुम्हारी पहली रात की बातें पढ़कर बड़ी हँसी आई, लगता है तुम्हारी ड्यूटी बड़ी मजेदार है। मुझे भी पहली रात को एक अजीब ही अनुभव हुआ था, उस दिन एक आलिंगन ही तो मिला था, मैं तो होश में रहते हुए भी मदहोश हो गई थी। मुझे समझ न आई क्या हो रहा है? मैं तो इस पृथ्वी से उठकर बहुत ऊँचे आकाश में पहुँच गई थी, बादलों से भी बहुत ऊपर।

मैं तो शादी को बहुत बोरिंग चीज़ समझती थी। मुझे लगता था। माँ-बाप अपनी बेटी को घर में नहीं रखना चाहते, इसलिए कोई भी अनजान लड़का ढूँढ़ कर उसके पल्लू से बाँध कर उसके पीछे-पीछे लगा देते है। फिर जाकर सारी उमर उसकी रोटियाँ पकाओ, बच्चों की टीम पैदा करके उनकी किचर मिचर में जिंदगी भर लगे रहो, यह तो मुझे पता ही नहीं था कि उस अनजान लड़के का प्यार, सम्मान, एक दूसरे के दुख दर्द बांटने का जज़्बा, दुनियाँ की सारी खुशियाँ उस लड़की की झोली में भर देने का शौक, यह सब तो शादी के साथ मुफ्त में ही मिल जाता है। अब लगता है सारी उमर साध्वी बनकर, गीता पढ़कर भजन गाते रहने का इरादा तो एक फालतू जनून था।

आज हमारा एक स्पेशल प्रोग्राम था, अपनी शादी की पार्टी, सबने इतने चुटकुले और गाने सुनाए कि प्रोग्राम रात 10 बजे तक चलता रहा। टाइम का पता ही न चला, तुम्हें हाजर नाजर समझकर तुम्हारी फोटो के मुँह पर बर्फी लगाई और खुद खा लिया। सच-सच बताओ? पाँच बजे तुम्हारा मुँह मीठा हुआ था कि नहीं? मैं तो ढेरों के ढेरों शुभ कामनाएँ और बधाइयाँ भेज रही हूँ, जो मेरी सहेलियों ने तुम्हें

भेजने के लिए कहा है। तुम्हारी शादी की पार्टी पर पूरे 50 रु. खर्च हो गए। अपने हिस्से के 25 रु. भेज दो।

आजकल हम लोगों ने एक नया कार्यक्रम शुरू किया है। 5, 6 मेंबरों ने मिलकर आईसक्रीम बनाने की मशीन खरीदी है। जब भी दिल करता है। दूध को गाढ़ा किया, बाहर शोरा, नमक और बर्फ के टुकड़े डालकर हैंडिल घुमाते हैं 20, 25 मिनट तक बारी-बारी से, आईसक्रीम तैयार होने पर डब्बे के चारों ओर प्लेट ओर चम्मच लेकर बैठ जाते हैं। चुस्त लोग ज्यादा निकाल लेते हैं। मैं भी उनमें से एक हूँ किन्तु मुझे कोई ज्यादा फायदा नहीं होता क्योंकि आधी तो तुम्हारा नाम लेकर ही खाती हूँ! अच्छा जी! 13 जून को दिल्ली पहुँच जाऊँगी अगली चिट्ठी वहीं भेजना।

आपकी अपनी रूपा

सहरपुरा 8/6/53

प्यारी प्यारी रूपा मेरी दुनिया की शहजादी

तुम्हारा पत्र मिला। तुम्हारे सुन्दर पैन में से निकले हुए प्यारे शब्द पढ़कर नशा छा गया, मैंने कभी भी शब्दों की इतनी सुन्दर चित्रकारी नहीं देखी थी। मुझे तुम उस दुनियाँ में ले जाती हो, जब हम कल्पना में नहीं, अपनी असली दुनियाँ में रहे थे यह सब कुछ फिल्म की तरह मेरे सामने आता रहता है।

आज मेरी रात की शिफ्ट की आखिरी ड्यूटी थी अब दो दिनों की छुट्टी है फिर शाम की ड्यूटी 2 बजे से 10 बजे तक, एक दिन की छुट्टी के बाद एक हफ्ते के लिए सुबह 6 से 2 बजे तक, यहाँ आकर पता चला कि अब से आने वालों का सींदरी अलाउंस बंद हो गया है फिर तो वही तनखाह मिलेगी 150 + 55 D.A. मैं तो इस उम्मीद में आया था, बड़ी फैक्ट्री है प्रोमोशन के ज्यादा चांस हैं।

मेरी ओर से खुली छुट्टी है, चाहे कोटकपूरा जाओ चाहे दिल्ली, पर गाँव मत जाना। मेरे बगैर वहाँ का वातवरण तुम्हें अच्छा नहीं

लगेगा। कृपा करके इन बातों से दिल दुखी न करो। जैसे ठीक लगता है करो। अगर कोई रिश्तेदार कभी मिलने आए तो शादी से पहले के सम्बन्ध के बारे में बात न करना। अब भी कह देना कभी-कभी राजी खुशी की चिट्ठी आ जाती है। क्योंकि अभी भी रिश्तेदार कहते रहते है शादी से पहले तुमने एग्रीमेंट लिखाया था। पता नहीं यह लोग कहाँ से बातें गढ़-गढ़ कर लाते हैं, मुझे तो यह भी याद नहीं, हमारे पास टाइम ही कहाँ था, उनको तो यह अंदाजा ही नहीं होगा कि कागज पर लिखे हुए अक्षरों से दिलों पर लिखे हुए एग्रीमैंट ज्यादा मजबूत और कीमती होते है। बापू जी ने इस बारे में मुझसे पूछ ताछ की है। लगता है उनका गुस्सा अभी तक ठीक नहीं हुआ। मामला बड़ा उलझ गया है मुझे समझ नहीं आती उन्हें कैसे समझाऊँ। उन्होंने मेरे लिए बहुत कुछ किया है, एक औसत पिता से कहीं ज्यादा और मैं उनकी बहुत इज्जत करता हूँ। आप ही समझाओ क्या करूँ, एक बात का ध्यान रखना दिल्ली या कोटकपूरे कोई मेरी चिट्ठी न पढ़े मैं तो बिना सोचे समझे लिखता रहता हूँ।

बाकी फिर, तुम्हारा सूरज

जींद 10/6/53 10.00 p.m.

प्यारे सूरज,

तुम्हारी 8/6 की चिट्ठी पढ़कर बड़ा फिकर लगा। मेरा दिमाग ठीक से काम नहीं कर रहा। बड़े अजीब-अजीब सवालों ने मुझे घेर रखा है, मुझे चिट्ठी का पूरा मजमून लिख कर भेजो ताकि कोई सुझाव दे सकूँ। यदि तुम यह सब पहले बता देते तो मैंने तुम्हें पूरी आजादी दे देनी थी बजाय इतने सारे रिश्तेदारों और परिवार के लोगों को परेशान करने से अच्छा था, अपनी कुर्बानी दे देती। लगता है हमारी शादी से दो परिवारों की शांति भंग हो गई है। मुझे इन सामाजिक रस्मों रिवाजों की तीखी चोटों का पता नहीं था, नहीं तो तुम्हारी

पहली चिट्ठी का जवाब न देती। तुम्हें पता है, कवि और लेखक इन बातों की परवाह नहीं करते और मैंने तो तुम्हारे प्यार को बिना शर्त सजदे करने शुरू कर दिए थे। मेरे पास सब कुछ है, दुनियाँ के सब सुख मैं अपनी खुद की कमाई से प्राप्त कर सकती हूँ। मेरे सामने किसी एग्रीमेंट की कोई कीमत नहीं लेकिन अब मैं चाहती हूँ एक एग्रीमेंट लिख ही लो। मुझे याद है तुम्हारे बापू जी ने कहा था "फेंक दे इसको बाहर, भेज दे जहाँ से लाया है" वही कुछ लिख लो, और उनकी खुशी के लिए अपने दिल और दिमाग को बेच डालो, अभी भी लोग तैयार हो जाएंगे तुम्हारे घर को दुनियाँ की वस्तुओं से भरने के लिए अपनी अनपढ़ ओर बेवकूफ लड़कियों को तुम्हारे घर की रौनक बनाने के लिए कोई भी कीमत अदा कर देंगे।

मेरा क्या है? मुझे तो जितना प्यार मिल चुका है इस जन्म के लिए काफी है। मैं तो नौकरी कर ही रही हूँ। M.A. भी कर लूँगी, बहुत सारा पैसा इक्ट्ठा करके विदेश जाऊँगी, इलैक्शन लड़ूँगी और समाज सुधार के लिए कानून बनाऊँगी।

मैं सोसाइटी से इतनी अधिक बेइज्जती बर्दाश्त नहीं कर सकती, मैंने कभी पैसे की परवाह नहीं की, एकं छोड़ कई दहेज कमाकर देने की ताकत रखती हूँ। यदि तुम्हारे घर वाले तुम्हें खुश नहीं देखना चाहते और अपनी मर्जी करना चाहते हैं तो मैं तुम्हें खुली छुट्टी दे सकती हूँ। अपने आपको उनके हवाले कर दो।

गलती हो तो माफ करना, तुम्हारी रूपा

सहरपुरा 12/6/53

प्यारी रूपा! मैं अपने आपको बहुत सहनशील समझता था पर मैं इस प्रकार की चोट सहने की ताकत नहीं रखता। मुझे सारी रात नींद नहीं आई। मेरा दर्द बढ़ रहा है, यदि कुछ देर यही हालत रही तो

पता नहीं मैं क्या कर बैठूँ? उसके बाद दो परिवारों को शांति मिल जाएगी और मुझे मोहब्बत करने का सिला मिल जाएगा। क्या यही हमारे प्यार का अंत है जिसके लिए हम बड़ी ऊँची-ऊँची बातें करते थे?

तुम्हारा सूरज

दिल्ली 15/6/53 4.00 p.m.

मेरे प्यार! मेरी जिंदगी। मुझे तुम्हारी चिट्ठी मिली अभी-अभी। मुझे नहीं पता अपने आप पर कैसे कंट्रोल करूँ, मैं तो रोए जा रही हूँ। मुझे पता था मेरे शब्दों से तुम्हारा दुख बढ़ जाएगा। मैं पागलों की तरह लिखती रही और फटाफट जाकर पोस्ट कर आई उसके बाद हिम्मत नहीं हुई। दूसरी चिट्ठी भी फटाफट लिखकर माफी माँग लूँ और दोनों पत्र इकट्ठे ही मिलें। मैं पागल हूँ तो भी तुम्हारी हूँ क्या मुझे वह चिट्ठी लिखकर आराम मिल रहा था? मैं इस तरह की बातों से तंग आ चुकी थी, हर 2, 3 दिंन बाद कोटकपूरा से पत्र आता था, इसी प्रकार की बातें लिखी होती थीं–मैंने कभी किसी बात का जबाब नहीं दिया, ना ही तुम्हें लिखा, सब चुपचाप सहन करती रही ताकि तुम्हारे प्यार की तार न टूटे–मेरे माता-पिता को हमेशा खतरा रहता है कि तुम्हारे घरवाले मुझे मार डालेंगे, वह तुम्हारी दूसरी शादी करना चाहते हैं। पर मैंने परवाह नहीं की, चुपचाप रो लेती थी कि चलो कोई बात नहीं, मरने से पहले तुम्हारा बहुत प्यार मिल गया है अगले जन्म तक काफी है। पर तुम्हारा पत्र पढ़ने के बाद मेरे दिल के सब बांध टूट गए, सभी सरहदें पार हो गई।

मैं 'तो तुम्हारे प्यार को अच्छी तरह समझती हूँ, यह सब इसलिए लिखा कि मुझे एक साधारण लड़की समझकर नफरत कर सको और अपने घर वालों की बात मान लो–क्या तुम समझते हो, यह मुझे अच्छा लग रहा था। तुम्हारे बिना कौन है मेरा? तुम्ही तो मेरे जीवन का प्रकाश हो, मेरी उम्मीदों की किरण–तुम्हें पाकर मैं खुशियों से

भरे सागरों की लहरों पर तैर रही थी। पर मैं सबके ताने सुनकर इस बेरहम समाज से नफरत करने लगी थी। यदि तुम दुनियाँ को छोड़कर सन्यासी भी बनना चाहते हो तो मैं भी साथ चलूँगी। बहादुर बनो! मेरे साथी। दुनियाँ से डरने की जरूरत नहीं, तुम हमेशा खुश रहो यही मेरी आकांक्षा है, मैंने पत्थर दिल बनने की कोशिश की वह सब नकली था। मेरा अपना दिल भी बड़ा कच्चा और नर्म है।

तुम्हारी, केवल तुम्हारी
रूपा

दिल्ली 15/6/53 4.00 p.m.

प्यारे सूरज

अभी-अभी, तुम्हें एक चिट्ठी लिखी है तुमसे माफी माँगने के लिए, मैं पन्ने भर-भर कर भेजना चाहती हूँ। 10/6 की चिट्ठी भेजने के बाद मैं जल रही थी। तुम्हारे पास आकर तुम्हारे गले लगकर रोना चाहती थी। तुमने बहुत गंभीरता से लिया। मेरी चिट्ठी को फाड़कर फेंक देना चाहिए था। मैं तुम्हारे मन की शांति भंग करने की जिम्मेवार हूँ जब तक तुम्हारा उत्तर नहीं आता कि तुमने मुझे माफ कर दिया है मुझे कुछ भी अच्छा नहीं लगेगा और न किसी से बात कर सकूँगी मैंने तो अपनी सारी दुनिया तुम पर कुर्बान कर रक्खी है–तुम्हे दुखी करने का सवाल ही पैदा नहीं होता, लगता है, एक पागलपन का दौरा था जिसमें मुझे कोई होश नहीं था। आगे से कभी तुम्हारी भावनाओं को चोट नहीं पहुँचाऊँगी और सब कुछ अपने मन में रखकर अपनी चिंताओं को समेट लूँगी।

कल तुम्हारे राजपुरा वाले मौसा आए थे हमारे घर दो घंटे ठहरे, खूब बातें हुईं सबको बहुत पसंद आए–बहुत जिन्दादिल हैं। उनको भी बापू जी ने लिखा था "मेरा बरखुरदार बागी हो गया है। मेरी बात नहीं मानता।"

तुम बैचलर क्वार्टर में रहते हो, मैं वहाँ रह नहीं सकती पर मैं धनबाद स्टेशन तक आ जाऊँगी और तुम्हारे साथ 2, 3 घंटे बात करके वापिस आ जाऊँगी, क्या तुम धनबाद आ सकोगे?

M.A. करने के लिए मैं किसी बढ़िया विषय में करना चाहती हूँ, पर ऐसा लग रहा है तुम्हारे जाल में फंस गई हूँ और इस बरस भी कुछ नहीं कर सकती, यदि तुमने यही काम अगले साल भी किया तो मैंने तुम्हारे साथ 3, 4 साल तक बोलना नहीं।

5 बजते ही तुम्हारे साईकिल की घंटी सुनने के लिए मेरे कान तरस गए हैं, मैं नौकरी से तंग आ चुकी हूँ, मुझे कोई धन दौलत नहीं चाहिए इससे तो अच्छा होता तुम गाँव में खेती बाड़ी ही कर रहे होते। मैं रोज खेत में आती तुम्हारा खाना लेकर, जब पीपल की छाँव के नीचे बैठकर तुम खाना खाते, मैं पंखा झल कर तुम्हारी ओर देखती रहती, यह बड़ी-बड़ी डिगरीयाँ जो हम दोनों ने इकट्ठी कर ली हैं हमें माफ़िक नहीं आईं।

अच्छा! क्या कहा? तुम मेरी गाल पर छोटी सी चपत लगाना चाहते हो? ठीक है कोई बात नहीं। मेरे तो सारे शरीर पर पैड लगे हुए हैं, मेरा कुछ नहीं बिगड़ेगा, तुम्हारी ऊँगलियों में दर्द हो जाएगा।

प्यारे सूरज! मैं हमेशा तुम्हारे पास रहना चाहती हूँ पर मेरी पक्की सरकारी नौकरी है या तो तुम दिल्ली में कोई नौकरी ढूँढ़ लो, मैं भी तुम्हारे पास ही नौकरी ढूँढ़ लूँगी, पंजाब में तो अभी केमिकल इंजीनियर्स को कोई चान्स नहीं, नंगल की फर्टीलाईजर फैक्ट्री भी कागजों पर ही चल रही है इस गति से, खुलने में कई साल लग जाएँगे।

रही कोटकपूरा जाने की बात, जब तक तुम्हें वहाँ जाने को इजाज़त नहीं मिलती; मैं नहीं जाऊँगी। इतने बरस वहीं तो रही हूँ। कुछ समय बाहर काट लूँगी, कोई परवाह नहीं।

प्यार सहित तुम्हारी
रूपा

सहरपुरा 15/6/53

मेरी जीवन का प्रकाश, मेरी अपनी रूपा

कुछ दिन पहले तक मैं तुम्हारी जुदाई को इतना महसूस नहीं करता था जितना आज। मुझे कल्पना में ही लग रहा है, तुम्हारे प्यार ने एक करवट बदली है मैं तुम्हारे साथ बिताए हुए कुछ दिनों की यादों में गुम रहता हूँ–मुझे न नींद आती है, न कुछ खाने को दिल करता है। रूपा! मैं तुम्हारे अहसान को मानता हूँ जब तुमने मेरे घर आकर 2, 3 दिन तक सब कुछ सहन किया, और कोई भी गैर कुदरती हरकत नहीं की, बड़े धीरज और विश्वास के साथ सब कुछ झेल लिया। मुझे तुम पर गर्व है। हम दोनों मिलकर जीवन के सब झंझावात सहन कर लेंगे। जब से तुम मेरे स्वर्ग के महलों में आई हो मेरे बगीचे में गर्म हवा का एक झोंका भी नहीं आ सकता, प्यारी रूपा! जिंदगी के यह कठिन पल सहना कोई मुश्किल नहीं बस थोड़ी–सी हिम्मत की जरूरत है।

तुम्हे याद है हम तो अगले कई जन्मों तक इक्ट्ठे जीने मरने की कसमें खाते थे। इन कड़वी सच्चाईयों को देखकर अपना रास्ता भूलना नहीं चाहिए। जीवन में सबको, सब कुछ नहीं मिलता, जो कुछ भी किस्मत ने दिया है उसका पूरा लाभ उठाएँ। यह दुनिया तो चाँद पर भी थूकती है पर वापिस उनके मुँह पर ही गिरता है। बादशाहों को गालियाँ सुनाती है, इसका मतलब यह नहीं कि हम अपनी मोहब्बत को ही कुर्बान कर दें। यह तो सारे जहान की दौलत से बड़ी वस्तु है, दुनिया के काले कारनामे उसे एक इंच भी परे हटा नहीं सकते। तुम्हारे पास मेरा सारा प्यार है रूपा! फिर तुम क्यों इन सांसारिक जरूरतों से ऊपर उठकर सोच नहीं सकती? मेरा विश्वास करो कोई डरने की बात नहीं है। तुम्हारी शादी मेरे साथ हुई है और मेरे प्यार के साथ समझ लो, तुम्हारी कोई ससुराल नहीं।

पिछली चिट्ठी के तुम्हारे तीखे तीरों ने मेरे दिल को छलनी कर दिया, और मैं दुखी होकर चीख पड़ा–क्या तुम समझती हो मैं इतना

सस्ता हूँ कि इन सांसारिक वस्तुओं के लिए अपने प्यार को कुर्बान कर दूँगा। यह सब चीजें और खूबसूरती सब नकली हैं, मैं अपने प्यार की कसम खाकर कहता हूँ मैंने कभी झूठ नहीं बोला यदि कोई तुम्हारे बदले तीनों लोकों की बादशाहत देगा तो मैं उसे ठोकर मार दूँगा। मैं तुम्हारे साथ एक झोपड़ी में रहकर खुश रहूँगा। मुझे महलों में रहने का शौक नहीं। मुझे तो एक ही बात का अफसोस है कि तुमने मुझे पूरी तरह नहीं समझा और मेरे जख्मों पर नमक डालने की कोशिश की, हम दोनों सुख-दुख के साथी हैं तुम्हें इस प्रकार के सुझाव देने नहीं चाहिए थे जिससे मुझे कष्ट हुआ। मुझे पता है कि यह सब तुमने कुर्बानी की भावना में आकर लिखा था। अगर मैं हीरा नहीं तो पत्थर भी तो नहीं हूँ अगर कोई मुझे मेरी गलती के लिए फाँसी भी चढ़ा दे तो भी मैं तुम्हें याद करूँगा और अगली दुनियाँ में तुम्हारा इंतजार करूँगा, यदि कभी कोई ठंडी हवा का झोंका तुम्हारे दिल को छू जाय तो यह समझ लेना मेरा दिल भी कभी गर्म था उसमें भी प्यार का जज़्बा था, एक दर्द और तड़प।

मेरी रूपा। तुम तो बहुत पढ़ी लिखी हो शिक्षा यहाँ एक ओर अपनी खुदी को ऊँचा रखना सिखाती है, वहाँ सहन शक्ति भी देती है—मुझे लेक्चर देते हुए शर्म आती है। बस इतना ही काफी है कि मैं तुम्हारी इज्ज़त करता हूँ।

मैं अपने घर वालों को अपने आप समझा लूँगा—बाकी किसी रिश्तेदार की मैं कोई परवाह नहीं करता, उम्मीद है समझ गए होंगे—याद रखो यदि मेरे सच्चे प्यार को ठुकराया तो तुम्हें जीवन भर शांति नहीं मिलेगी—यह तुम्हारे प्रेमी की आवाज है—जो तुम्हारा पति भी है। प्यारी रूपा! मेरे विचार में इसका एक ही इलाज है कि हम इकट्ठे रहें। यदि कभी कोई भ्रम हो जाए तो आमने-सामने बैठकर निपटा लें। मुझे उम्मीद है इस प्रकार हम खुश रहेंगे और इकट्ठे रहकर हँसेगें-मुस्कराएँगे। मेहरबानी करके इस बारे में मुझे अपने विचार साफ-साफ लिखो,

जिंदगी की गाड़ी तो मिलजुल कर ही चलेगी, बगावत करके नहीं, हम जो भी हैं जैसे भी हैं, एक दूसरे के लिए ही बने हैं।

आजकल मॉनसून शुरू हो गया है, कल फैक्ट्री में एक्सीडेंट हो गया था। फैक्ट्री बंद है पर ड्यूटी पर सबको जाना है। यदि वाल्व बंद करने में एक मिनट की भी देरी हो जाती तो बड़ा भयानक एक्सीडेंट होता—और जान माल का बहुत नुकसान होता।

तुम मेरे दिल की हालत समझ गई होगी, मेरा दिन तो किसी न किसी तरह बीत जाता है। पर रात को सो नहीं सकता मुझे वह सुनहरी दिन याद आते हैं जब हम छोटी-छोटी बातों पर हँसते रहते थे। उस छोटी सी दुनियाँ में हम सबको भूल गए थे।

प्यार सहित तुम्हारा
सूरज

दिल्ली 18/6/53 7.15 p.m.

मेरे प्यारे सूरज,

मैंने कल ही तुम्हें एक चिट्ठी लिखी है। मेरा दिल करता है—जंगल में जाकर एक झरने के पास जाकर बैठूँ और तुम्हारा हाथ अपने हाथ में लेकर पक्षियों के गीत सुनूँ और सब कुछ भूल जाऊँ। मुझे इस दुनियाँ का कोलाहल अच्छा नहीं लगता। हमसे तो पक्षी अच्छे हैं जो किसी भी पेड़ पर बैठकर आस-पास से तिनके इक्ट्ठे करके छोटा-सा घोंसला बना लेते हैं। खुले आसमान में उड़ते रहते हैं और कहीं से भी दाने इक्ट्ठे करके पेट भर लेते हैं और आकर सो जाते हैं—बिना सोचे कि कल क्या होगा कल की चिन्ता भगवान् के ऊपर छोड़ देते हैं। जब वह छोटे-छोटे पक्षियों को जन्म देते हैं तो अपने प्यार की निशानियों को चोंच में दाने लाकर मजबूत करते हैं और एक दिन वह भी खुले आकाश में उड़कर अपने साथी की तलाश कर लेते हैं। केवल इन्सानों को ही इतने झंझट हैं कि सारी उमर निपट नहीं पाते।

मैं तो तुम्हारे साथ भी कई बार नाराज हो जाती हूँ–क्यों इतनी दूर चले गए? मुझे अकेली को छोड़कर, अपने प्यार के तोहफे की रक्षा करने के लिए, जिस बारे में मुझे थोड़ी देर पहले ही पता लगा है।

प्यार सहित
रूपा

सहरपुरा 20/6/53

डीयर रूपा,

मेरी जीवन साथी, मुझे अफसोस है तुम फंस गई हो, चलो फंस गई तो फटकना क्या, अगले पाँच बरस तक तुम्हें कोई तकलीफ नहीं दूँगा। पहली बार मुझे कुछ पता नहीं था, बस जिंदगी में एक बार और तकलीफ दूँगा, वह भी सलाह करके।

तुम्हारी चिट्ठी कई बार लेट पहुँचती है क्योंकि सहरपुरा भारत के डाकखानों में अभी-अभी शामिल हुआ है इसलिए तुम्हारी चिट्ठी मिलते जुलते नामों वालों शहरों की सैर करके आती है। इस बार सहारनपुर जाकर आई है, ब्रेकिट में (जिला मानभूम, बिहार) लिखना मत भूलना यह नाम मुझे याद दिलाता है जब मेरे जीवन साथी की ओर से नए वर्ष की बधाई सहारनपुर लिखकर ही भेजी गई थी, तुम्हारी चिट्ठी इस बार रास्ता भूलकर वहीं घूमने चली गई थी।

जिस स्थान पर हमारी फैक्ट्री और कालोनी बनी हुई है–पहले यहाँ संथालों के 20, 25 गाँव थे सरकार ने उन्हें दूसरी जगह प्लाट देकर मुआवजा भी दिया पर वह खुश नहीं थे, यहाँ वे लोग कई पीढ़ियों से रह रहे थे। पुलिस और संथालों में झगड़े हुए बहुत लोग जख्मी हुए पर आखिर तीर कमान कब तक मुकाबला करते सरकार की राइफल का। सहरपुरा पहले एक छोटा सा गाँव था, यहाँ पाँच बरस पहले थोड़ी-सी झोंपड़ियाँ थी अब तो यहाँ क्वार्टरों की लाइनें लगी हुई हैं, शहरों जैसा सुख आराम है। इन झोंपड़ियों में कभी दीवाली वाले दिन ही शायद एक दिया जलता होगा अब यहाँ बिजली की लाइनें लगी हुई हैं काँटेदार

झाड़ियों के स्थान पर सड़कों के किनारे फूल लगे हुए हैं। यह तरक्की थोड़े ही समय में हो गई है। सिंदरी का नाम बहुत बार पेपरों की हेडलाइन बन जाता है। मुझे अफसोस है हालात की मजबूरी के कारण हमें अलग-अलग रहना पड़ रहा है। पर यह दूरीयाँ थोड़ी देर के लिए ही हैं।

तुम्हारा अपना
सूरज

दिल्ली 21/6/53

मेरे प्यारे जीवन साथी

क्या तुम्हें याद है? जब पहली बार हम मिले तो तुमने पूछा था क्या अब भी मैं आवारा हूँ? इसका उत्तर मेरे गले में अटक गया था और मैं तो तुम्हारे चेहरे की ओर ही देखती रह गई थी–आज सिर्फ दो महीने ही हुए हैं हमारी शादी को, पर किस्मत ने हमें एक दूसरे से सैकड़ों मील दूर कर दिया है, लगता है बिछुड़े हुए कई बरस हो चुके हैं, और पता नहीं दुबारा मिलने में और कितने बरस लगेंगे।

कल हम बाहर घूमने गए, मैं और मेरी बहन जी-अचानक बारिश शुरू हो गई- श्री राम इन्सटीट्यूट के पास बड़ी-बड़ी स्टील की पाइपें पड़ी हुई थीं- मैंने उन्हें कहा चलों इनमें जाते हैं, पर वह मानी नहीं, बहुत सुस्त है– भागने से इन्कार कर दिया-इतने में बारिश और तेज हो गई- लोग सचमुच ही भाग-भाग कर उनमें घुस गए। हम भी चले गए, बहुत बढ़िया सीनरी थी। पाईपों पर वर्षा की बूदों का संगीत-अन्दर लोगों ने गाने शुरू कर दिए- बड़ा मजा आया-बारिश बंद होने पर लोग बंदरों की तरह बैठे थे, चूहों की तरह बाहर निकल आए। बस फिर देर हो गई इसलिए कल चिठ्ठी न लिख सकी।

आज भी बहुत सिर दर्द हो रहा है- तुमने तो कह दिया-फंस गए तो फटकना क्या? पर मैं अकेली ही यह सब क्यों भुगतूँ-खैर यह तो कुदरती हादसा है- आज नहीं तो कल होना ही था। पर तुमने तो मुझे

कहा था, डॉक्टर ने तुम्हें कहा था, कब-कब बचना है। और मैने विश्वास कर लिया तुम चोर हो-डाकू हो।

अब मुझे बहन जी की छोटी बेबी को पढ़ाना है वह कहती हैं, तेरी शादी पर इसने 20 दिनों की छुट्टी ली थी–पढ़ाई में कमजोर हो गई है, उसका घाटा पूरा करो। तुमने पूछा है? क्या लेकर आऊँ-ठीक है, एक झुनझुना लेते आना।

तुम्हारी रूपा

सहरपुरा 25/6/53

प्यारी रूपा

तुम खामख्वाह मुझ पर इलजाम लगा रही हो- मुझे चोर और डाकू भी कह दिया, यह ठीक नहीं है, हमने तो सौदा किया है, दिल के बदले दिल दिया है। जो कुछ तुमसे लिया है–उसके बदले अपना सब कुछ दिया है।

मेरी रूपा! यह सब कुछ भी अपने भले के लिए है, क्या पता इसमें क्या अच्छाइयाँ छिपी हुई हैं, कुछ दिनों की तकलीफ सहन कर लो मुझे अफसोस है यह सब तुम्हें अकेले ही सहना पड़ेगा- मैं अपनी शुभ कामनाएँ और आशीर्वाद भेजता रहूंगा। यह छोटा सा खिलौना हमारे प्यार की निशानी है, जब मैं घर नहीं रहूँगा तुम्हारा दिल बहलाएगा। पर यदि तुम्हें अच्छा नहीं लगता, तो जो चाहे कर सकती हो मुझे कोई गिला नहीं-तुमने तो सारा दोष मुझ पर लगा दिया है और अपने आप को बेगुनाह समझती हो। मैनें तो वैसे ही किया था सेफ डेज, में-जैसे डॉक्टर ने कहा था, फिर भी फिक्र की क्या बात है। कोई पाप थोड़ी ही किया है? तुमने झुनझुना मँगवाया है, यदि इसकी जरूरत पड़ी तो मेरे पास खरीदने के लिए बहुत फंड है।

तुम्हारा
सूरज

दिल्ली 29/6/53

प्यारे सूरज।

तौबा, तौबा, हे, भगवान! तुम्हें चोर और डाकू क्या कह दिया तुम तो नाराज ही हो गए, क्या बात है किसी से झगड़ा हो गया था या अमोनिया प्लांट की गैस का असर था, मैनें तो एक मीठा ताना दिया था और तुमने मेरे सामने बड़े-बड़े प्लान रख दिए।

आगे से इस तरह की कोई बात नहीं बताऊँगी। अब तो हम दोनों एक ही है, फिर कौन नाराज हो और कौन मनाए, मैं कोई स्टैप नहीं लेने वाली, यह तो हम दोनों का खजाना है इसकी रक्षा करना हमरा फर्ज है–इसे मैं अपने लॉकर में बन्द करके रखूँगी और जब मेरे सामने आएगा तो सारे कष्ट भूल जाऐंगे, हम तो पक्के दोस्त हैं बादल और मोर की तरह, वर्षा और पपीहे की तरह, चांद और चकोर, दीपक और पतंगा-फूलों और बहार की तरह-हम एक दूसरे के सुख-दुख के साझेदार हैं, एक दूसरे के साथ भगत् और भगवान का रिश्ता है। केवल पति-पत्नि ही नहीं, मैनें तुम्हें चोर कह दिया तो क्या हो गया? तुम हो ही पक्के चोर। मैं फिर कह रही हूँ। जो मर्जी कहूँगी, मेरा प्यार तो पहाड़ों को तोड़कर आ रहे झरने की तरह है जो बेखटके भागता रहता है। रास्ते की रूकावटों की चिन्ता किए बगैर।

तुम्हारी अपनी
रूपा

सहरपुरा 1/7/53

प्यारी प्यारी रूपा

पता नहीं पिछली चिठ्ठी में मैं तुम्हें क्या सलाह दे बैठा। मुझे अफसोस है तुम्हें बुरा लगा। मैं तुम्हारी चिठ्ठी का इन्तजार न कर सका, साईकल लेकर खुद ही डाकखाने चला गया और जल्दी में

पोस्ट मैन को कमरे का नं. 57 के स्थान पर 59 कह दिया, उसने बताया इस नंबर की कोई चिठ्ठी नहीं। मैं निराश हो गया, फिर उसके हाथ में पकड़ी हुई चिठ्ठयों में नीले रंग का लिफाफा दिखाई दिया मैने कहा इसको देख कर बताओ। वह तो तुम्हारा ही कबूतर था। मैं वापिस भागा और जल्दी-जल्दी आकर खोला। मैं तुम्हें अपनी पहली रात की कहानी सुना चुका हूँ। मेरी सरकार! हम तो कैदी हैं तुम्हारे, जो मर्जी कह दिया करो बिना सोचे समझे। मैं तुम्हें बहुत याद करता हूँ तुम्हारा नाम नींद में भी बोलता रहता हूँ कोई जरूरत नहीं माफी माँगने की, मुझे विश्वास है हमारा आनेवाला बच्चा मास्टर पीस होगा जो हमेशा होता है, पहला बच्चा। मुझे इस बात की और भी ज्यादा खुशी है कि यह बिना कुंडी खटकाए हमारी दुनियाँ में प्रवेश कर गया है और हमें एक सुखद आश्चर्य दिया है। हमें खुले दिल से इसका स्वागत करना चाहिए।

अब से हमें इकट्ठे ही रहना चाहिए, मेहरबानी करके पैसे कमाने का लालच छोड़ो, हम रूखी सूखी रोटी खाकर गुजारा कर लेंगे, हो सकता है आगे चलकर हमारे पास बहुत दौलत हो पर यह सुनहरी घड़ियाँ फिर लौट कर नहीं आएँगी, अधिक से अधिक हम एक साल और अलग रह सकते हैं फिर मुझे फैमिली क्वार्टर मिल जाएगा और मैं तुम्हे वापिस जाने नहीं दूँगा, जिन खुशियों के आजकल सपने लेते हैं वह असली रूप में मिलेंगी। मैं कोशिश करूंगा अगली छुट्टियों तक कोई न कोई रहने का इन्तजाम कर लूँ। मैं सितम्बर में 10 छुट्टियाँ ले सकता हूँ पर इस प्रकार मेरा सारा समय सफर में और गाँव जाने में ही बीत जाएगा, और तुम्हारे पास 2, 3 दिन ही रह सकूँगा। यदि किसी का घोंसला उधार मिल गया तो हम यहाँ अकेले रह सकते हैं, क्या एक महीने की छुट्टी ले सकती हो?

तुम्हारा सूरज

दिल्ली 5/7/53

प्यारे सूरज

तुम्हारी चिट्ठी मिली मुझे तो 10 बार पढ़कर भी तसल्ली नहीं होती उत्तर में मैं अपने आप को ही लिफाफे में बन्द करके भेज देना चाहती हूँ। डर है कही गलती से डाकखाने वाले सहारनपुर न भेज दें।

प्यारे साथी! यदि हमें खुले आसमान में उड़ना है तो डोर बहुत पक्की होनी चाहिए। मैं महसूस करती हूँ हमें बहुत पहले मिल जाना चाहिए था हमने बहुत समय गँवा दिया, इतने समय में तो हमनें बहुत सारे रेगिस्तानों को स्वर्ग के बगीचों में बदल देना था–मुझे तो पता ही नहीं था तुम्हारी कैद में आने के लिए कौन-सी IPC. धारा की जरूरत है मैने तो हर जन्म में यही गुनाह कर लिया होता। हमारा स्कूल 17 अगस्त को खुल रहा है आप जल्दी आने की कोशिश करें। मेरे पास जींद में अलग घर है वहाँ पर हम खुशियाँ बाँटने के लिए अकेले होंगे, बिना किसी रोक-टोक के। सितम्बर में मुझे बिना तनख्वाह की छुट्टी लेनी पड़ेगी और उसकी ऐन्टरी सर्विस बुक में हो जाती है- प्रमोशन के समय उससे अच्छा प्रभाव नहीं पड़ता, आप अपने आने की पक्की तारीख लिखो।

प्रियतम! मैं जो कुछ भी हूँ तुम्हारे प्यार से ही बनी हूँ

न हम कुछ हँसके सीखे हैं,
न हम कुछ रो-रो के सीखे हैं।
जो कुछ थोड़ा-सा सीखे हैं,
किसी के हो के सीखे हैं,

मुझे रह-रह कर याद आती है आपकी रोमांचिक कर देने वाली बातें, आपकी याद मेरे हृदय को सूनेपन से दूर ले जाकर, जीवन की बहारों में, रंगीनियों, में, स्वप्नों के मादक लोक में ले जाकर बिठा देती है, यहाँ सुन्दर परियाँ मुझे अपने उड़न खटोले में बिठाकर वहाँ पहुँचा देती है। जहाँ मेरा साथी बाहें खोले, अपने आलिंगन में बाँधने के लिए खड़ा होता है, हृदय में एक मादकता लिए, एवं अदभूत

नशा-एक खुमारी मुझे अपनी सारी कायनात लुटा देने के लिए विवश कर देती है। परन्तु-

"अब तक तेरे पहलू में
लरज़ते थे ऐ अज़ल!
अब जिंदगी है नाम तेरे इन्तजार का"
जाने कब आओगे?

मैंने M.A Join करने का इरादा छोड़ दिया है। अगले साल देखी जाएगी, एक नई परीक्षा की तैयारी जो कर रहे हैं, दो-दो परीक्षाएँ पास करने की ताकत नहीं।

आपकी रूपा

सहरपुरा 8/7/53

प्यारी रूपा-मेरे दिल की रानी

तुम्हारा प्रेम से भरपूर पत्र पाकर तुम्हारी सूरत मेरे सामने अठखेलियाँ करने लगती है, कुछ समय के लिए ऐसा लगता है जैसे तुम साक्षात् आ गई हो। कल्पना कुछ और आगे बढ़ती है तो खोलने से पहले टटोल लेते हैं, फिर खोलने के बाद भी कागजों को उलट पुलट कर देख लेते हैं कि कहीं तुम स्वयं ही तो नहीं आ गई। केवल पत्र के लिए इतनी उत्सुकता नहीं होती पर जब तुम नहीं मिलती पत्र के अन्दर, तो एक आह-सी निकल जाती है और पर्स में से तुम्हारी फोटो निकालकर बिना आँख झपकाए कितनी देर तक, एक टक देखते रहते हैं। रूपा डीयर हम तो 21/4/ से ही आपकी कैद में हैं और अपना सब कुछ तुम्हारे हवाले कर दिया था और अपने प्यार के अमूल्य रत्न को तुम पर न्योछावर कर दिया था अब तो यही कैद हमारा स्वर्ग है और दिन-रात यही प्रार्थना करते हैं। हे प्रभु! हमारी इस कैद को जन्म-जन्म तक हमेशा के लिए बनाए रखना, और फिर जिसका जेलर इतना सुंदर हो, तो हमें और क्या चाहिए और इसके बदले में आपको भी पूर्ण रूप से, दिन-रात अपनी कैद में रखना चाहते हैं।

मेरे दिल की प्यास और भूख तुम्हीं मिटा सकती हो प्यारी रूपा! लगता है भगवान ने हमारा सम्बन्ध बहुत ही सोच समझकर बनाया होगा! किसी खाली समय में बैठकर इस मास्टर पीस की रचना की होगी। प्राण प्यारी! जी चाहता है एक बार तुम्हें अपने आलिंगन में बाँधकर अलग नहीं करूँ और हम केवल एक दूसरे के लिए जिऐं। मेरी रानी! छोड़ो यह नौकरियों के झंझट और निभाएँ अपने अपने कर्तव्य, तुम मुझे प्यार दो, मैं तुम्हें प्रीत-सिंगार दूँगा, तुम मुझे जीने का ढंग सिखाओ में तुम्हें कुछ कर दिखाऊँगा, तुम मुझे जीने की तमन्ना दो, मैं प्रकाश बनकर तुम्हारा पथ-प्रदर्शक बन जाऊँगा, तुम मेरे जीवन में कोमल कली बनकर महको, में भँवरों को भी लज्जा दूँगा-तुम उच्च आदर्श बनकर मेरे पास रहो मैं असंभव को संभव कर दिखाऊँगा-तुम मुझे स्वयं को दे दो, मैं सारे संसार की तुम्हारे चरणों में लाकर रख दूँगा। रूपा! तुम स्वयं ही सोचो, इस मदमस्त जवानी को विरह की काली रातों में लम्बी आहें भरकर व्यतीत करना है या उसमें चाँद और चाँदनी बनकर वायुमंडल को मधुर खिलवाड़ से भर देना है, जिससे देवता भी रशक करने के लिए पृथ्वी पर उतर आएँ। जैसे हम उस एक महीने की याद में हीं अब तक जिए जा रहे हैं जीवन के यह वर्ष भी हमारे आगामी जीवन में आकर्षण भर देंगे और जब हमारी जिम्मेदारियाँ बढ़ जाएँगी। हमें जीने का प्रोत्साहन देंगी। अपने बच्चों को बड़ा करने-पढ़ाने लिखाने में हमें अधिक समय देना पड़ेगा तो भी इन्हीं यादों के सहारे हमारे प्रेम की डोर मजबूत होती रहेगी।

केवल तुम्हारा ही
सूरज

दिल्ली 10/7/53

मेरे हृदय सम्राट,

आज पहले भी तुम्हें एक पत्र लिख चुकी हूँ और बेचैनी से तुम्हारे पत्र का इन्तजार कर रही थी सुस्ती के मारे अनमने मन से

लेटी हुई थी, बहन जी कब से कहे जा रही थी, उठ बेबी की फ्रॉक-सी दे, पर हम कल को देने का बहाना बना रहे थे उन्होंने ताना दिया, क्या हो गया है तुझे? अच्छी भली चुस्त होती थी, सूरज ने तो तुम्हें निकम्मी बनाकर वापिस भेज दिया है, इस बार ठीक करूंगी उस भले मानुस को-सहसा डाकिए की आवाज आई और हम झट से उठ गए, बोली, देखा! अब कैसे जान आ गई तेरे अन्दर? गोबर कहीं की। हम पत्र लिख रहे थे कि बहन जी की बेबी जो अब सात साल की और भाई का मुन्ना जो चार साल का है हमारे पास आकर बैठ गए यही दोनों अपनी भोली भाली बातों से हमारा मन बहलाते हैं। हमारे पत्र पोस्टमैन से पकड़ कर लाते हैं और गली के कोने के डिब्बे में भी डाल आते हैं। बड़े प्यारे बच्चे हैं, बेबी ने कहा, मेरी नमस्ते भेज देना अंकल को मुन्ना बोला, मेरी भी, मैनें पूछा क्या? तो बोला जो भी इसने भेजा है, वहीं भेज देना फिर बेबी से पूछा उसने, चिठ्ठी में भेजने से क्या होता है तो उसे बताया अंकल एक चपत भेजते हैं और आंटी को लिख देते हैं चपत लगाकर एक लड्डू भी खिला देना। मुन्ना बड़ा खुश हुआ-ठीक है आंटी अब दो लड्डू लाना, मुझे भी एक चपत लगा देना। पर बेबी तो मचल गई, बोली अंकल को लिखना इस बार बड़ी चपत भेजें। मुझे रसगुल्ला खाना है-सो उन दोनों का संदेशा भेज रही हूँ और मिठाई की कीमत आप से वसूल करूँगी।

प्रेम भरी कल्पनाओं के चित्र पढ़कर तुम्हारी उपस्थिति का अहसास हुआ हृदय संगीत बज उठा जिसकी स्वर लहरियाँ मेरे मस्तिष्क में गूँज-गूँज कर मुझे सपनों के संसार में पहुँचा देती है। जो जल्दी ही साकार हो सकेंगी अब तो जी चाहता है फिर से जल्दी मिलें ताकि उन सुनहरी यादों में कुछ और जमा हो जाएँ। जिसके बल पर हम विरह की सूनी और नीरस घड़ियों को काटने का संवल प्राप्त कर सकें।

जब तू नहीं तो चाँद सितारों का क्या करूँ,

जब तू नहीं तो बागो–बहारों का क्या करूँ।

एक बात याद करके मुझे अब भी हँसी आ जाती है जिस दिन हम पिक्चर "आनन्द भवन" देखकर वापिस आ रहे थे। रास्ते में लीचियाँ खरीदकर खाई जब अन्त में एक ही बच गई तो Toss किया बिल्कुल बच्चों की तरह, मानो बचपन फिर लौट आया हो, वह बचपन और जवानी का मिलन, उपहास जनक होते हुए भी कितना आकर्षक और सुन्दर था। अब तो घूमने का, पिक्चर देखने का कोई चार्म ही नहीं रहा हम तो वापिस आ गए हैं एक हारे हुए जुआरी की तरह।

तुमने लिखा था एक बार, कवि सम्मेलन के बारे में, किसी कवि की नीचे लिखी हुई पंक्तियों के बारे में, मुझे बहुत अच्छी लगी थी

"दुनियाए तसस्वर हमः
आबाद नहीं करते।
याद आते हैं वह खुद हीं,
हम याद नहीं करते।"
हमारा तो उससे भी बुरा हाल है।।

आपकी याद में रूपा

सहरपुरा 10/7/53

प्यारी रूपा मैं तो अगस्त के तीसरे या चौथे हफ़्ते ही आ सकूँगा। चलो अब हँस कर दिखाओ, जब तुम्हारी चिठ्ठी मिलती है, लगता है तुम्हारा कुछ हिस्सा लिफाफे में ही आ पहुँचा है। मेरा प्रोग्राम 11 अगस्त से 23 अगस्त तक पहुँचने का है, मैं उससे पहले नहीं आ सकता तुम 23 अगस्त तक 3, 4 दिन की मेडीकल लीव ले लेना हम यह छुट्टियाँ इकट्ठे ही बिताएँगे। पार्क की बैंच पर बैठकर मैं तुम्हारें गाने सुनूँगा मैं यह बर्दाशत नहीं कर सकता कि मैं इतनी दूर से तुम्हें मिलने आऊँ और तुम्हारा स्कूल से आने का इन्तजार करूँ मैं

तुमसे एक मिनट भी अलग नहीं रह सकूँगा इसलिए अपना प्रोग्राम ठीक तरह से बनाना-लोग कहते हैं परदेसियों के पास दिल नहीं होता पर वह यह नहीं समझते कि उनके पास भी एक प्यार भरा दिल होता है, वह उनकी मज़बूरियों को नहीं समझते-कहते हैं कि उन्हें दूसरों की तड़प का ख्याल नहीं होता और अपने रास्ते पर चले जाते हैं मैं हमेशा तुम्हें अपने आस-पास ही देखता हूँ। मानसिक और शारीरिक रूप में" बिरह एक बड़ा बेदर्द शब्द है पर इसे सहना सीखो, एक दिन आएगा जब हम एक दूसरे के पास होंगे कभी न बिछुड़ने के लिए।

तुम्हारा अपना
सूरज

सहरपुरा 11/7/53

प्यारी रूपा!

तुम्हें जानकर खुशी होगी कि मैने एक छोटे से क्वार्टर का प्रबन्ध कर लिया है तुम अपनी बाकी छुट्टियों में मेरें पास आ सकती हो। तुम्हारा प्यार तुम्हारा इन्तजार कर रहा है, मैं घर का कब्जा लेने के बाद टेलीग्राम दे दूँगा, और धनबाद स्टेशन पर आकर ले जाऊँगा। यहाँ पर मौसम अच्छा हो गया है, दिन में दो तीन बार वर्षा हो जाती है बादल छा जाने के बाद सब जगह अंधेरा हो जाता है, पर धूप निकलने के पश्चात पता ही नहीं चलता कि क्या हुआ था, वर्षा की कोई निशानी नहीं रहती। मुझे हैरानी होती है कि तुम किस प्रकार अक्षरों से ही सुन्दर चित्र बना लेती हो जिससे आत्मा की भूख मिट जाती है। मेरा दिल उन दिनों की यादों से भरा रहता है जो हमनें इकठ्ठे अपने घोंसले में बिताए थे। मेरी रानी! मैं तुम्हारा इंतजार कर रहा हूँ।

तुम्हारा सूरज

सहरपुरा 16/7/53

प्यारी रूपा

अपनी पिछली चिट्ठी में मैंने क्वार्टर के बारे में लिखा था सरकारी कार-गुजारियों में टाईम लग रहा है। यदि मुझे दो हफ़्ते बाद भी मिला, तो क्या तुम आ सकोगी? हम 15 दिन ही इक्ट्ठे रह लेंगे, यहाँ हमें पूरी आजादी होगी और अपनी घर गृहस्थी शुरू कर लेंगे, नहीं तो मैं आ जाऊँगा फिर हम 2, 3 दिन के लिए ही मिल सकेंगे, दूसरे स्थानों पर प्राईवेसी नहीं मिल पाएगी, मैं अपना समय तुम्हारी फोटो देखकर और चिट्ठीयाँ पढ़कर ही काट लेता हूँ।

तुम्हारा जीवन साथी
सूरज

दिल्ली 18/7/53

प्यारे सूरज

मुझे बहुत प्रसन्नता हुई थी कि हम एक महीना इकट्ठे रह सकेंगे इस खुशी में मैंने 14/7/53 को पत्र भी लिख दिया था, पर अब लगता है 12 और 15 दिन में ज्यादा फर्क नहीं फिर तो आप ही अपना प्रोग्राम पक्का रखो। मेरी हालत ऐसी है कि ज्यादा परिश्रम करने में खतरा है इस हालत में 15 दिन के लिए घर बार बसाना और रसोई का सारा काम संभालने से बड़ी असुविधा होगी। तुम्हारी कालोनी की सड़कें भी सीधी नहीं है। ऊँची-नीची सर्पाकार हैं। एक और प्राणी भी है जिसके आराम का हमें ख्याल रखना है-कहीं इतना अधिक काम और उत्साह दिखाकर कोई समस्या न हो जाय-हांलाकि पहले 3, 4 महीने ज्यादा तकलीफ नहीं होती पर अपनी भावनाओं पर नियन्त्रण करना पड़ेगा-मेहरबानी करके लिखो तुम्हारा क्या ख्याल है-क्योंकि यहाँ भी हम इस तरह का प्रोग्राम बना सकते हैं कि पल-पल की खुशी मिल सके। मैंने एक घड़ी खरीदी है-मेरे भाई का

एक दोस्त ड्यूटी फ्री लाया था 75 रु की मिली है-वैसे इसकी कीमत 135 रु. है-

तुम्हारी रूपा

सहरपुरा 20/7/53

प्यारी रूपा

तुम्हारी 18/7 की चिट्ठी मिली-तुम्हारे लिए 15 दिन और 12 दिन में कोई फर्क हीं नहीं, तुमने तो दिल्ली वालों जैसी बात की कि तुम्हारें लिए चाँद सितारे तोड़ लाऊँगा, यदि वर्षा न हुई। मुझे तुम्हारा कोई भी कारण पसंद नहीं आया मुझे समझ नहीं आती कि तुम 15 दिन के लिए भी क्यों नहीं आ सकेती? असली बात तो यह है कि तुम आना ही नहीं चाहती, ठीक है मैं यह फालतू की बातें बंद करता हूँ-मुझे साफ साफ बताओं तुम्हें क्या तकलीफ है।

तुम्हारा सूरज

दिल्ली 22/7/53

प्यारे सूरज

तुम तो खामखाह नाराज हो रहे हो-मुझे ताने दे रहे हो-मैंने तुम्हें 14/7/53 को पत्र लिखा, तुम्हारी सारी योजनाएँ मान लीं, मैं भी आने के लिए तैयार थी बहुत खुश थी फिर तुम्हारा 18/7/53 तक कोई जवाब नहीं मिला मुझे फ्रिक था, पता नहीं क्वार्टर मिला कि नहीं, फिर 15 दिन की योजना बनी वह भी निश्चित नहीं था, अब तुम्हारा 20/7 का पत्र मिला-पता चला तुम नाराज हो-क्यों मैंने तुम्हारा सब प्रोग्राम खराब कर दिया? फिर लिखते हैं तुम आना ही नहीं चाहती, मैंने भी तो एक महीने के लिए बढ़िया-बढ़िया प्रोग्राम बना रखे थे-पर तुमने प्रोग्राम पक्का नहीं किया और मुझे चिन्ता थी-मैं भी अपनी सेहत के साथ खतरा मोल लेना नहीं चाहती थी-तुम्हें पता है। मुहब्बत एक शीशे की तरह होती है-बड़ी, मजबूत, पर टूट जाए तो जोड़ी

नहीं जा सकती। यदि जोड़ भी ली तो एक दरार पड़ जाती है- कमज़ोर हो जाता है शीशा, मेहरबानी करके अपने आप को मेरे स्थान पर रखकर सोचो।

तुम्हारी रूपा

सहरपुरा 24/7/53

मेरी प्यारी रूपा

मेरे पास बहुत थोड़ा समय होगा-मैं दिल्ली नहीं रूकूँगा -तुम स्टेशन पर आ जाना, सीधे जींद चलेंगे-अब से मैंने बहस करनी बन्द कर दी है-मुझे सिर्फ यही शिकायत करनी है कि मैं हजार मील से चल कर आऊँ और हम सबके सामने बात भी न कर सकें। यदि एक प्यासा पंछी इतना लम्बा सफर करके नदी के पास आए और एक बूँद से अधिक पानी नहीं पी सके तो तुम उसकी हालत समझ सकती हो-ठीक है मेरी ओर केवल एक बार झांक लेना, समझ लूँगा मेरी मेहनत सफल हो गई। मुझे 1/2 क्वार्टर मिल गया था, पर मैं अब जाना नहीं चाहता, कैंसिल करवा आया हूँ अकेले रहने से अच्छा है अपने बैचलर क्वार्टर में ही रहूँ-घड़ी के लिए मुबारिक

तुम्हारा अपना
सूरज

सहरपुरा 25/7/52

डीयर रूपा

मुझे तुम्हारी 22/7 की चिट्ठी मिली- 14/7 की अभी तक नहीं मिली-इसलिए मेरा मूड खराब था-तुम मेरी तकलीफों की फ्रिक न किया करो-मैं कोई कच्ची मिट्टी का नहीं बना हुआ-यदि तुम आ जाती, तो मैं घर का काम भी तुम्हारें साथ करवा देता, मैंने बड़ा दिलचस्प प्रोग्राम बना रखा था, तुम्हें आसपास के ऐतिहासिक स्थान दिखाता-कलकत्ता यहाँ से 150 मील दूर है वहाँ जाते-मैं तुम्हें रांची

भी लेकर जाता-यह बहुत अच्छा हिल स्टेशन है और बिहार की गर्मियों की राजधानी है, वहाँ के पागलखाने में तुम्हारे दिमाग का इलाज कराता-हमारी फैक्टरी भी अपने किस्म की देखने की चीज़ हैं। एशिया की सबसे बड़ी खाद की फैक्टरी। गया में भी बौद्ध मंदिर हैं अनेकों ही, आस पास की छोटी-छोटी पहाड़ियों पर-यहाँ पर महात्मा बुद्ध को ज्ञान प्राप्त हुआ था। हजारों तीर्थ यात्री चीन, जापान, बर्मा, मलाया आदि से आते हैं। मेहता और मीरा को भी वहाँ बुला लेते-चलो फिर कभी सही।

जब मैंने तुम्हें चिट्ठी लिखी, मेरा मूड ठीक नहीं था-मैं तो सिर्फ तुम्हारे पास रहना चाहता था तुमने मेरा छोटा-सा सपना बर्बाद कर दिया- यदि तुम मुझे तकलीफ देने की जिम्मेवार नहीं तो कम से कम हिस्सेदार जरूर हो-ठीक है मैं तुम्हारे पास जींद 2, 3, दिन रहूँगा, पहले ही बता रहा हूँ खाना तुम्हारा बनाया हुआ खाऊँगा। एक दिन दिल्ली रहूँगा-फिर गाँव भी जाऊँगा-हो सके तो मेरे साथ गाँव भी चलना, यदि तुम्हारी नौकरी लग जाए तो क्या ज्वायन कर सकती हो? यदि तुम्हारी सेहत इजाज़त दे तो-नहीं तो अगले साल देखेंगे, यहाँ एक हाई स्कूल है और 2, 3, साल बाद डिगरी कालेज बन जाएगा

तुम्हारा अपना
सूरज

दिल्ली 27/7/53

प्यारे सूरज

मैं तुम्हारे आने का बेसब्री से इन्तजार कर रही हूँ और अपने पहले मिलन की यादों को दुबारा जीना चाहती हूँ। मेहरबानी करके सारा प्रोग्राम लिखो यदि मैंने तुम्हारे पास अभी से नौकरी शुरू की तो तीन महीने की मैटरनिटी लीव नहीं मिलेगी-वैसे भी मेरी हालत देखकर कोई नौकरी देने वाला नहीं-इसलिए अगले साल कोशिश करूँगी-यहाँ

पर भी बादशाहों! तुम्हारी ही नौकरी कर रहे हैं तुम्हारे तोहफे की देखभाल। आपकी ओर से जो भी सुझाव आता है उसके साथ यदि, अगर, वगैरह लगा होता है-यदि क्वार्टर मिल गया, यदि नौकरी मिल गई आदि, और मैं घबरा जाती हूँ-कुछ भी तो निश्चित नहीं होता–कोई बात महीं मेरे प्यारे। पानी पीने की चिन्ता मत करो-मेरे घर के सामने बहुत बड़ा कूँआ है-जिसमें ठंडा, ठंडा, साफ और मीठा पानी निकलता है जितना मर्जी पी लेना, मेरे साथी! इसमें किसी का कोई कसूर नहीं कि हम इकट्ठे नहीं रह सकते, तुमने अपनी दुनिया जंगल में जाकर बसा ली है जब तक आप पूरी तरह सैटल नहीं हो जाते, फैमिली क्वार्टर नहीं मिलता मुझे तो यहाँ पर ही रहना पड़ेगा और नौकरी भी करनी ही पड़ेगी और कोई रास्ता नहीं-फिर डिलिवरी के समय आप मेरी देखभाल नहीं कर सकोगे-मुझे भी कोई अनुभव नहीं-शायद मैं तुम्हारे गाँव भी तुम्हारे साथ नहीं जा सकूँगी-मैं ऊँट पर चढ़ नहीं सकूँगी और 5 मील गर्म बालू और इधर उधर स्थान बदल रहे रेत के टीलों में पैदल चलकर खतरा मोल नहीं लेना चाहती पर फिर भी आप कहोगे तो मैं जाने को तैयार हूँ-मैं कोई अहसान नहीं कर रही आप पर, न ही कोई रसमी बात कर रही हूँ-तुम्हे पता है मैं बिलकुल साफ-साफ बात करती हूँ, माफ करना असली जिंदगी में हम सपने लेकर जिन्दा नहीं रह सकते।

तुम्हारी रूपा

सहरपुरा 28/7/53

मेरी प्यारी रूपा,

मैं सोच रहा हूँ मेरी छुट्टी के 10, 12 दिन बहुत ही कम हैं-इससे ज्यादा ले ही नहीं सकता-मैं महसूस कर रहा हूँ मैं 24 घंटे तुम्हारे पास ही बैठकर तुम्हे देखता रहूँ जब तक तुम सो नहीं जाओ और तुम्हारा सारा प्यार इकट्ठा करके ले जाऊँ जो कम से कम एक

साल तक चले-मेरी रात की डयूटी थी और मुझे नींद आ रही थी। 1.40 बज गए थे। चाय आने में थोड़ी देरी थी-अमोनिया प्लांट की गैस से बचने के लिए मैं थोड़ा बाहर आ गया-मैंने देखा एक बादल ने चांद को ढक लिया-चाँद फिर बाहर आ गया-बादल ने फिर ढक लिया-मैं देखकर हैरान रह गया-कुदरत भी प्रेम के खेल खेलती रहती है। कुछ देर बाद दोनों इधर उधर हो गए-यहाँ से वह अलग हुए वहाँ एक छोटा-सा तारा चमक रहा था जिसमे चांदनी का सौन्दर्य और बादल की गंभीरता और विशालता थी-शायद उन दोनों के मेल मिलाप और मुहब्बत का नतीजा था-बादल ने उसे अपना अस्तित्व दिया और चान्दनी ने अपनी गोद में संभाल कर रखा और अपनी खूबसूरती का कुछ हिस्सा देकर जन्म दिया अपने मिलन का प्रतीक-मैं इस निशानी को देखकर बहुत अचम्भित था-इतने में प्लांट का हूटर बजा और मैं अन्दर आ गया।

आज मंगलवार है, मैं सहरपुरा की क्नॉट प्लेंस में जाकर आम खरीद कर लाऊँगा, एक पीस भी नहीं दूँगा-समझ गई, क्यों? प्यारी रूपा, ठीक ठीक सोचा करो- मैं यह कर दूँगी, वह कर दूँगी-मुझे बहुत खराब लगता है जब आप छोटी-सी बात पर प्यार की नींव में ही बदलाव लाना शुरू कर देती हो-आगे से यह बहुत मजबूत होनी चाहिए, हम इकट्ठे ही डूबेंगे, इकट्ठे ही तैरेंगे-अपना अस्तित्व दुनियाँ से अलग किस्म का होना चाहिए।

अच्छा जी। तुम्हारे सिर के दर्द का क्या हाल है-पूरा डिटेल दो तो दवाई लेता आऊँ, एक बार मैंने भी अपने डॉक्टर दोस्त को जाकर कहा था दिल में बहुत दर्द रहता है-कोई दवाई दो। उसने सब कुछ जांच कर एक पर्ची पर दवाई लिख कर दे दी-मैरिज-पर दवाई खाने के बाद तो दर्द और भी बढ़ गया है-पहले वाला तो नकली था-अब तो असली है-बाकी फिर।

तुम्हारा-सूरज

दिल्ली 31/7/53

प्यारे सूरज

मुझे अफसोस है-मैंने बिना सोचे समझे तुम्हारा प्रोग्राम खराब कर दिया और कुछ कीमती घड़ियां बर्बाद कर दीं, मैंने तो सोचा था पूरे 12 दिन तुम मेरे साथ जींद रहोगे-मुझे नहीं पता था मेरे हिस्से में 2 3 दिन ही आएँगे इस तरह तो मैं भी प्यासी रह जाऊँगी। पर एक बात की खुशी मुझे जरूर है कि तुम मुझे रांची ले जाकर मेरे दिमाग का मुआयना नहीं करा पाओगे नहीं तो डाक्टरों ने लाइलाज बताकर मुझे वहीं रख लेना था क्योंकि दिमाग तो थोड़ा बहुत खराब है ही, जब तक ठीक न होता वे वापिस नहीं भेजते-पर आपकों याद होगा-मैं भी दौड़ने में स्टेट चैम्पियन हूँ, वहाँ से भी आ जाना था तुम्हारे पीछे पीछे-तुम मुझे रांची ले जाओ या आगरा, सफल नहीं हो सकते।

मैं तो अब भगवान् को भी याद नहीं करती, डरती हूँ-कभी मुक्ति ही न दे दे, मैं तो चाहती हूँ-हम इस संसार में बार बार आयें और एक दूसरे से प्यार करें। मैं तो हर जन्म में तुम्हें पहचान लूँगी सफेद कमीज, क्रीम रंग की पैंट, काले गौगलज और मेरा भेजा हुआ रूमाल दाएँ हाथ में-तुम लेडीज के डिब्बे के साथ वाले डिब्बे के दरवाजे पर खड़े होंगे-जी हाँ दो रोटियाँ मैं तुम्हारे लिए भी लेती आया करूँगी-हर जन्म में।

आप कह रहे हैं-मैं तुम्हारे साथ मिलकर रसोई का काम करवा देता-क्या होता यदि तुम्हारी ऊँगलियाँ जल जाती? मैं कोई डॉक्टर नहीं जो झटपट दवाई लगा देती, मैं तो एक टीचर हूँ-बस सलाह ही दे सकती हूँ कि स्टोव को हाथ नहीं लगाओ-फ्रिक मत करो मेरे अलबेले साथी। फरवरी या मार्च में मैं सीधे धनबाद की टिकट लूँगी-साथ में एक फरी सवारी होगी-और तुम्हें कहूँगी या तो घर के काम में हिस्सा बटाओ या बैठकर झुनझुना बजाओ और अपने सैंपल को सँभालो। मैं एक साल की बिना तनख्वाह की छुट्टी लेकर आ जाऊँगी और

तुम्हें बैचलर क्वाटर में वापिस नहीं जाने दूँगी तब तक इन्तजाम कर रखना।

केवल तुम्हारी रूपा

सहरपुरा 4/8/53

मैं 12/8/ को चलूँगा और 22/8/ तक तुम्हारे पास ही रहूँगा। मैं तुम्हें एक राजा, रानी की कहानी सुनाता हूँ, वह एक-दूसरे को बहुत प्यार करते थे उनके प्यार में उन्मुक्त जवानी का जोश था। थोड़े ही समय में उन्होंने अपने प्यार का बीज बो दिया, जब वह पैदा होकर अपनी चमक दिखाएगा–उसमें खूबसूरत फूल आएँगें, जिनकी खुशबू चारों तरफ फैलेगी–रानी को बहुत तकलीफ होगी, राजा भी अपने नन्हें पौधे को बहुत प्यार करेगा–उसके माली उसकी बहुत प्यार से परवरिश करेंगे। कल हमारे प्लांट की शूटिंग थी, हमने पहली बार फिल्म में काम किया–चारों ओर चमकती हुई लाइटें थीं–यह फिल्म सब जगह दिखाई जाएगी–मैं अपने आप को गाड़ी में बैठा हुआ महसूस कर रहा हूँ।

यह बहुत धीरे-धीरे जा रही है 40 मील घंटे की रफ्तार से-मैदानों जंगलों, शहरों और नदियों को पार करती हुई, धनबाद को पीछे छोड़कर तुम्हारी ओर आ रही है। रास्ते में फिर इलाहाबाद आएगा, यहाँ पर गंगा, जमुना और सरस्वती का मेल होता है-वहाँ पर आकर एक हो जाती हैं कभी भी न बिछुड़ने के लिए मैं अपनी बाहें ऊँची करके उनकी मुहब्बत को सजदा करूँगा और कुदरत के इस करिश्मे को देखकर अभूर्तपूर्व प्रसन्नता को महसूस करूँगा-इसके बाद कानुपर आएगा, यह स्थान अपनी मुहब्बत, आशाओं, आकांक्षाओं गीतों और शरारतों, इकट्ठे रहने की कसमें खाने की गवाह है-मैं इस शहर से गुजरते समय कभी भी भूल नहीं पाऊँगा कि यहाँ मैंने अपना कैरियर शुरू किया था और यहीं पर मुझे अपनी जिंदगी के खजाने मिले थे। फिर आगरा आएगा-गाड़ी में बैठे-बैठे मैं ताजमहल देखूँगा जो एक शहनशाह

के प्यार की निशानी है-इसका मतलब यह नहीं कि गरीब अगर ताजमहल नहीं बना सकते तो वह मुहब्बत नहीं कर सकते-वह लाउड स्पीकरों पर बोल-बोल कर अपनी मुहब्बत का इज़हार नहीं करते। उनके प्यार में तो इतनी शिद्दत होती है कि राजे महाराजे सोच भी नहीं सकते। हम इस दुनिया में अपने बच्चे छोड़ जाऐंगे जो प्यार की इन्तहा के नमूने होंगे-हमारे प्यार की तीव्रता और गहराई उन्हें इतना खूबसूरत और महान बनाएगी। जिसके सामने ताजमहल शर्मा जाएगा-हम उन्हें पाल पोस कर इस लायक बना देंगे कि सारी दुनियाँ में उनकी इज्जत होगी, उनकी काबलियत के चर्चे होंगे अच्छा बाकी फिर 12/8 को

तुम्हारा अपना-सूरज।

जींद 24/8/53/

मेरे सूरज!

हम फिर अपने-अपने बसेरें पर वापिस आ गए-गाड़ियों ने फिर हमें अलग कर दिया-तुम मेरी जिंदगी, मेरी मुहब्बत, मेरी जवानी, मेरी साँसे-जो कुछ भी मेरे पास था-लेकर चले गए हो-मेरे पास अपना कहने के लिए कुछ भी तो नहीं बचा-मैं जाते हुए तुम्हें कुछ न दे सकी, बस कुछ आँसू-मैं तो प्लेटफार्म पर बिल्कुल मुर्दों की तरह खड़ी हुई थी जींद से दिल्ली तक तुम्हारे साथ आकर वापिस जींद चली गई दिल्ली में किसी को भी मिलने का मन नहीं था, मेरी सारी चुन्नी भीग गई थी-मैं सोच रही थी तुम भी अपनी जुदाई को भूलने के लिए किसी स्टेशन से चाय का कप लेकर पी रहे हो-अथवा इतने दिनों की थकान मिटाने के लिए चद्दर बिछाकर लेटे हो-मैं तो जब से आई हूँ, गूँगी हो गई हूँ।

मैं तो समझती थी, यह प्यार मुहब्बत के किस्से कहानियाँ केवल कल्पना की उड़ान होते हैं, कहानी लिखने का मसाला पर अब सोचती

हूँ वह प्रेमी वास्तव में ही इस संसार में पैदा हुए होंगे-प्रमात्मा ने दिल की इस छोटी सी मशीन में इतने अहसास भर दिए हैं कि समुद्र की गहराई और आसमान की ऊँचाइयों से बहुत आगे जाकर घूम आते हैं-जो इस दिल की ताकत को नहीं समझते वह या तो अन्जान हैं, स्वार्थी हैं अथवा अपने आप में ही सिमटे हुए लोग-

तुम्हारी याद में रूपा

सदरपुरा 25/8/53

मेरी अपनी रूपा

मेरी गाड़ी एक घंटा लेट थी मैं वापिस अपने वातावरण में लौट आया हूँ-मुझे नहीं पता यह 12 दिन कैसे एक पल में ही गुजर गए-मैं अपने आँसूओं को रोक न सका-उन्हें रूमाल में बन्द करके उनके साथियों से मुलाकात करवा दी जो मैंने प्लेटफार्म पर खड़े-खड़े अपने रूमाल में तुम्हारी आँखों से इकट्ठे किए थे। उस रूमाल को ही कभी-कभी चूम लेता हूँ, धुलवाने को दिल नहीं करता-बाकी फिर

तुम्हारा ही सूरज

10

आशा-निराशा का संघर्ष

उसके बाद तो बस चिट्ठियों का ही सहारा था-एक बार तो सूरज ने पूरे पन्ने पर केवल रूपा का नाम लिखकर भेज दिया-ऐसा लगता है जब प्यार शब्दों की कैद में आने से इन्कार कर देता है वह संकेतों के रूप में प्रस्फुटित होना शरू हो जाता है-यह तो प्यार की करामात है ज्यूँ-ज्यूँ बढ़ता है-गूँगा होता जाता है। वह एक दूसरे को पत्रों द्वारा ही अपनी भावनाओं के सम्बन्ध में बताते रहते थे।

फैमिली क्वार्टर अभी तक पूरे नहीं बने थे-बड़े अफसरों के लिए बंगले बन चुके थे-रूपा को जबरदस्ती अपनी नौकरी पर रहना पड़ा-सींदरी में भी नौकरी मिलने का कोई चान्स नहीं था, नहीं तो दोनों को एक पूरा क्वाटर मिल जाता-के.जी. स्कूल से 100 रु. महीना का ऑफर आया था उसे 185 रु. की सरकारी पक्की नौकरी छोड़ने के लिए ठीक नहीं लगा, वैसे भी इस हालत में वहाँ पहुँच कर उसे कौन संभालता। बस रूपा तो सूरज का चित्र देखकर अपने आप को समझा लेती-वह दो मतवाले नयन अर्ध विकसित कमल की तरह उसे उलझा लेते थे वह केवल फूलों के बाह्य सौन्दर्य से ही बराबरी नहीं करते थे, उनमें तो इतना प्यार और आकर्षण था कि वह ठगी सी रह जाती।

सूरज भी लिखता मुझे अफसोस है, अपनी प्रियतमा को अकेले ही छोड़ आए उसके हाल पर, दोनों की साँझी मुसीबत अकेली के गले डाल कर क्यों? किस कारण से? किन परिस्थितियों से मजबूर होकर? अगली बार आने से पहले उसने महाकवि बच्चन की कविता

की कटिंग भेजी "कह रही है पेड़ की हर शाख, अब वह आ रहे अपने बसेरे"

यह मुठी भर दिल वास्तव में सीमाहीन आकाश से भी विशालतम है-सपने तो कुछ देर के लिए ही तसल्ली दे देते हैं, जब इन्सान भावनाओं के तूफान में, कल्पना के सुनहरे लोक में उड़ रहा होता है। वास्तविक जीवन में जब कटु अनुभवों से पाला पड़ता है, उस समय प्यार ही सहारा देता है किसी भी समस्या को हल करने के लिए अकेले नहीं होते। अपना प्रियतम साथी पास होता है-कई बार रूपा रूठ भी जाती थी-क्यों चले गए इतनी दूर? क्या मजबूरी थी? पर पता नहीं सूरज में क्या वशीकरण मंत्र था कि उसे देखते ही सफेद झंडी फहरा देती, माना मैरिज से उत्साह लेना चाहिए पर इसने तो दिल में दर्द और पीड़ाएँ बसा दी है-कोई वस्तु पास नहीं हो तो अफसोस नहीं होता किन्तु मिलने के बाद तड़पता हुआ छोड़ कर साथी कहीं दूर चला जाए तो सहन करना कठिन हो जाता है कभी मौसम सुहावना हो तो किसे नींद आती है? अकेले में भी सोचता

"यह कौन हँसा
किसने सितारों को हँसाया
चुपके से मेरे नैनों में आ
कौन समाया"

रूपा को उन दिनों बदलती हुई सेहत और मूड ठीक न होने के कारण चिन्ता रहती थी-क्या होगा जब बच्चा पैदा होगा? कहाँ जाएगी? उसके प्यार की निशानी सामने आ रही है-यह तो खुशी की बात है, परन्तु रूपा को लगा, वह तो अचानक बेघर हो गई है-कोटकपूरा में जाने की इजाजत नहीं थी-जींद में अकेले कैसे रहती-दिल्ली में बहिन और भाई के अपने परिवार थे-तीन महीने की मैटरनिटी लीव कहाँ पर गुजारती बच्चे के साथ।

एक बार उसने लिखा-हम भी उन विरहनों की तरह तुम्हारा रास्ता देखते हैं जिनके साथी पिछले दिनों चीन जाया करते थे-फौज में

भरती होकर, पैसा कमाने के लिए और लौटने का समय निश्चित हुआ करता था, पूरे सात वर्ष! बेचारी दिन में घर का काम करती-कभी ससुराल, कभी मायके, रात को चान्द की चान्दनी में किसी तालाब के किनारे, पीपल के पास लोक गीत गा गा कर अपने दिल के अरमान निकालती-तुम्हें तो शायद मौका ही न मिला हो उन पुर दर्द अफसानों को सुनने का, किन्तु हम जिस जगह रहते हैं वह शहर-और गाँव का संधिस्थल है, यहाँ दोनों प्रकार की मिली जुली सभ्यता है, इस तरह के गीत हमारे ऊपर से ही निकल जाते थे-कोई हलचल नहीं मचाते थे-पर अब वह गीत जिनमें वह कौए उड़ाकर उन्हें चूरी खिलाने का लालच दिया करती थी, कसक पैदा करते हैं अब तो गाड़ियाँ चल पड़ी हैं फौजी कम से कम एक साल में तो महीने भर भी छुटट्ी लेकर आ ही जाते है: फिर कहीं फैमिली क्वाटर मिल जाए तो साथ भी ले जाते हैं।

हमारी तो बहुत मित्र थी, जिससे भी पाँच मिनट बात कर लो, दोस्ती हो जाती थी-जब हम सारी दुनिया के सांझे थे, चैन से रहते थे और अब केवल एक के ही है तो इतना बेचैन रहते हैं-और वह "एक" ही हृदय में कोलाहल मचाकर चला गया है-दुनियाँ हमारे सामने एक खिलवाड़ थी अब नीरस हो गई है-आगे सारी दुनिया के लोग हमें एक जैसे लगते थे-अब वह एक ही सबसे "निराला" लगता है-मानों हमारा संसार उसी में सिमट कर रह गया है-हृदय की उस गहराई को छू गया है, जिसके आगे कुछ भी शेष नहीं रहता।

रूपा गाती "खुदा के वास्ते जालिम घड़ी भर के लिए आजा" वैसे वह किसी पर निर्भर नहीं थी, एक छोड़, दो तीन बच्चों को पाल सकती थी-चिन्ता तो केवल यह थी कि आने वाले बच्चे के जन्म लेते समय की तकलीफों का मुकाबला कैसे करेगी अकेली, वह अपनी माँ के सिवा कही और जाना नहीं चाहती थी-पत्र व्यवहार चलता रहा चाँद सितारों के बारे में बातें होती रहती, सारी उमर

इकट्ठे रहने के वादे, पर कहाँ? यह एक ज्वलन्त प्रश्न था और वक्त की जरूरत।

रूपा अपने को समझा लेती, उसे कविताएँ लिख-लिख कर भेजती-सूरज भी उसे स्वर्ग की दौलत और ऐश्वर्य देने का वादा करता, उसे खुश रखने के लिए कोएले की खानों की बातें, फैक्ट्री में हुई विश्वकर्मा की पूजा-काली पूजा-दीपावली के बारे लिखता-स. सवर्ण सिंह-मार्शल बुलगानिन और नेहरूजी की अगवाई के बारे में लिखता, बदलते हुए मौसम के बारे में, यह सब उत्साह बढ़ाने के लिए काफी था-पर सपनों में बच्चे को पैदा नहीं किया जा सकता था और दिल के अन्दर भी चार छोटे-छोटे खाने होते हैं, कोई सचमुच के फ्लैट नहीं बने होते, जहाँ पर रहकर वह कुदरत के करिश्मे का इन्तज़ार करती।

सूरज जब गाँव गया वहाँ बात की कि उसे कोटकपूरा जाने की इजाजत दे दो, पर उत्तर मिला कि अगर तुम यहाँ पैदा हो सकते हो, तो तुम्हारा बच्चा क्यों नहीं-उसे यहाँ छोड़ जाओ। अब नौवां महीना शुरू हो गया था वह न तो ऊँट पर चढ़कर जा सकती थी न हीं गाँव के रास्ते के झाड़-झंखाड़ और रेत के टीलों में पैदल जा सकती थी। उसे सोच-सोच कर ही रोना आता, कैसे वह घर की गाय-भैंसों की तरह बड़े कोठे के एक कोने में चिंघाड़ें मारेगी और उसके बच्चे की नाड़-गोबर के उपलों पर गर्म की हुई दरांती से काट दी जाएगी और उसकी और बच्चे की जान खतरे में पड़ जाएगी। उसने बगावत कर दी-सूरज भी नवम्बर में जाते हुए कह गया था-जहाँ मर्जी हो जाना-मुझे कोई इतराज नहीं-अब भी उसने कहा, मुझे चाहे घर वाले बेदखल कर दें परवाह नहीं, मैं तुम्हारे साथ हूँ। अब तो उससे चला भी नहीं जा रहा था, स्कूल जाते हुए सांस चढ़ जाती थी। उसने अपनी एक सहेली को साथ लिया और कोटकपूरा पहुँच गई-समय आने पर उसकी डॉक्टर सहेली सारी रात बैठी रही-उसकी माँ उसे

दिलासा देती रही, बच्चा बहुत भारी था, उसका दम घुट रहा था-ऊँचे-ऊँचे रो रही थी, अचानक उसका दर्द बन्द हो गया-एक जोर का धक्का मारने की जरूरत थी-उसके सामने एक छोटी सी मुन्नी झाँक रही थी-माँस और हड्डियों का एक सौलिड खिलौना-काले-काले बाल-उसे देखकर वह हँस पड़ी

सूरज ने उसे प्यार भेजा-उसकी फोटो मंगवाई और जल्दी आकर देखने का वादा किया-कुछ दिनों बाद रूपा के पिता का स्वर्गवास हो गया-शादी के बाद से वह बीमार ही चल रहे थे। ना कोई उसके घर से, ना सूरज ही उसे दिलासा देने आया तीन महीने बाद जब वह वापिस जींद आई तो सूरज वहाँ पर आ गया, और उन्हें अपने गाँव लेकर गया-छोटी मुन्नी ज्यादा गोरी नहीं थी-वह तो सूरज और रूपा की मुहब्बत की निशानी थी, चान्द की किरणों से भी ज्यादा सुन्दर, पर घर वाले ज्यादा खुश नहीं हुए इसका क्या करेंगे पहिले भी छः बैठी हुई है।

गाँव से वापिस आते हुए सूरज ने कसम तोड़ दी, वह उनके साथ कोटकपूरा आ गया। माँ को दिलासा देकर दोनों अपने ठिकाने पर वापिस आ गए।

सूरज का प्यार कभी भी खत्म न होने वाला झरना था-उसे उन्हें अकेला छोड़कर जाना पसंद नहीं था पर मजबूरी थी-उसे अभी तक फैमिली क्वाटर नहीं मिला था। उसके जैसे और भी कई साथी थे जिनके परिवार घरों में रहते थे वह बैचलर क्वाटरों में रहते और वेतन घर भेजते कभी-कभी फौजियों की तरह जा भी आते। कई बार वह लिखती मुन्नी बहुत तंग करती है तो जवाब आता मेरे पास भेज दो। ठीक है, पारसल करवा देते हैं जेब में डालकर घूमते रहना किसी मित्र ने पूछा यह जेब से आवाज कैसी आ रही है तो कह देना पॉकेट रेडियो खरीदा है। अभी भी हमने पूछा पापा को कुछ लिखवाना है तो टाँगे चला रही है मतलब उनकी गोद में खेलना है-लो अब पेशाब भी कर दिया-अब क्या कह रही है समझ लो। जब वह

तुम्हारी पैन्ट गीली करेगी हमारा गुस्सा उतर जाएगा-कैसी है पूछा तो कहा, पता नहीं चल रहा, लगता है Suraj and Co. का नया मॉडल है। पहला सैंपल। क्या गुगली मारी है सूरज।

एक बार रूपा ने Distt. Community Project के बारे में लिखा जिसमे उन सब को शामिल होना था-जब डायरेक्टर ने लड़कों के स्कूल के हेडमास्टर से जींद के बारे में पूछा तो बोला मैं अभी नया आया हूँ यहाँ पर-पहले मैं चिड़ियाँ पढ़ाता था वह हँस पड़ा-क्या आप Sparrows को पढ़ाते थे तो हमारी हेडमिस्ट्रेट ने बता दिया, चिड़ियाँ एक गाँव का नाम है। एक मजे की बात बताऊँ हमारी हेडमिस्ट्रेट के हाथ में एक पीले रंग का थैला हमेशा रहता है जिसमें उसका सारा लटर-पटर पड़ा होता है-कभी-कभी जब मीटिंग होती है तो एक सफेद रंग का धोबी धुला प्रेस किया हुआ रूमाल निकालती है अपना मूँह पोछती है-बिना रूमाल से टच किए और वापिस पर्स में डाल लेती है वह आज तक मैला नहीं हुआ-खैर हम तो रूमाल रखते ही नहीं-कभी जरूरत नहीं पड़ी-नहीं तो चुन्नी के पल्लू से पोंछ लेते हैं।

उसके बाद तो रूपा की बदली कोटकपूरे हो गई, मुन्नी को प्यार भरा वातावरण मिल गया, सूरज को अब कोई चिन्ता नहीं थी, रूपा के छोटे बहन-भाई उसे खिलौना समझ कर खेलते रहते-बेबी के खाँसी जुकाम के बारे-उसकी मुस्कराहटों के बारे सूरज को संदेश मिलते रहते चिट्ठियों के द्वारा-जब भी कोई दोस्त छुट्टी पर जाता-वह उसको बुला लेता और जब भी कुछ छुट्टियाँ जमा हो जाती। वह स्वयं चला आता और यह कुछ दिनों की मुलाकातें अगले मिलन तक काफी होतीं। अचानक रूपा ने महसूस किया-एक और बेबी आ रहा है-दस्तक दे या न दे, अब कोई फ्रिक नहीं था, चाहे कोई कुंडी खटका कर आए अथवा बिना खटकाए चला आए, स्वागत था। उनकी जिंदगी उन जिप्सियों की तरह हो गई थी जो जहाँ भी जाते तम्बू लगाकर गाना बजाना शुरू कर देते हैं। वह भी आते जाते रहे-जब भी

मिलते, उतने दिन के लिए ही तम्बू लगा लेते, रूपा ने दिसम्बर में M.A पास कर लिया सेकेंड क्लास में प्राईवेट-घर में आराम ही आराम था-मुन्नी को तो बहन भाई ही संभाले रहते थे-पढ़ने के लिए बहुत टाईम था–जनवरी में एक छोटा काका आ गया बड़े आराम से, यह तो हल्का फुलका था पर मुन्नी बहुत ठोस थी। खुशियों का एक बंडल पंडित ने बताया-बहुत शक्तिवान होगा, बहुत किस्मत वाला है-उसका अपनी बहन से बहुत प्यार होगा-उसके पाँव में पदम् है-पिता की तरक्की होगी-थोड़ा गर्म स्वभाव का है, जबकि मुन्नी के लिए उसने शान्त स्वभाव बताया था। उसका चेहरा बिल्कुल भोला भाला था। मुस्कराती हुई आँखें, जैसे छोटा सूरज।

11

एक ठहराव

आखिर क्वाटर मिल ही गया। रूपा ने नौकरी छोड़कर घर की जिम्मेदारी संभाल ली-दो बच्चों के साथ नौकरी करना मुश्किल था-सूरज बजार का सब काम करता, एक बच्चे को साईकल के डन्डे पर बिठाता, जिस पर उसने छोटी सी गद्दी लगा ली थी-दूसरे को आगे टोकरी में डालकर घुमाता रहता-पता नहीं चला, छः बरस कब बीत गए-प्यार की एक और सौगात-एक नन्हा मुन्ना और आ गया, पूरी प्लानिंग के साथ, उसे धक्का मारकर आने की जल्दी नहीं थी, वह तो घर के बाहर ही खड़ा रहा, बड़े सबर और शांति के साथ जब तक उसे बुलाया नहीं गया। आने पर भी कोई परेशानी नहीं हुई उसके बहन भाई थे उसे सम्भालने के लिए-चार लोगों का प्यार एक साथ, दिन रात खुशियाँ, कौन जाना चाहता था-यह सब छोड़कर, कहीं नौकरी करने के लिए। रूपा ने ही हिम्मत दिखाई थी-एक ही वेतन में गुजारा करना सीख लिया था-उसको तो सर्विस में प्रमोशन के बहुत चान्स थे-M.A II class के कारण दो Advance इन्क्रीमैंट मिल गए थे उन दिनों शिक्षा का पैटर्न बदल रहा था-हायर सैंकेंडरी के लिए पंजाब में बहुत ही कम लोग M.A. II Class के साथ दस वर्ष का अनुभव रखते थे-पेपसू भी पंजाब में Merge होने वाला था-2 अक्तूबर 1956 को, उसका नाम प्रिंसीपलों की लिस्ट में था, उसकी पोस्टिंग भी उसी स्थान पर होने वाली थी जहाँ से उसने मिडिल स्टैंडर्ड की परीक्षा पास की थी उसे बड़ा अच्छा लगा था-जब उसे याद आया उस स्कूल में एक टीचर थी-जब किसी क्लास में शोर हो रहा होता, वह सारी क्लास के मुँह पर दुपट्टा बांधकर पूरे स्कूल का चक्कर लगवाती-उसने एक दिन चिढ़कर कहा था, यदि मैं

इस स्कूल की हैड बन जाऊँ तो इसे सीधा कर दूँगी-वह इस्तीफा वापिस भी ले सकती थी-टीचरों ने समझाया भी था, मत छोड़ो नौकरी, जब बर्तन साफ करने पड़ेंगे तो रोना पड़ेगा, पर यह तो सब पता ही था-मुहब्बत में कोई सौदा नहीं होता, यह तो दिलों का व्यापार है।

छोटी मुन्नी भी अपने पापा को याद करती रहती थी एक वर्ष की बिना वेतन की छुटी लेकर वह पहले भी किसी बैचलर का क्वाटर लेकर रह चुके थे, मुन्नी वापिस आकर रोती थी मुझे साईकल पर बैठना है, मुझे सब्जी लेने जाना है पापा के साथ, वह फोटो निकालकर देखती रहती। एक बार गुम भी हो गई-रूपा का रो-रो कर बुरा हाल हो गया, किसी ने बताया-एक छोटी सी लड़की पोस्टमैन के पीछे-पीछे जा रही थी और रो रही थी, मेरे पापा की चिट्ठी दे। उस दिन चिट्ठी आई नहीं थी-जब भी पोस्टमैन आता वह घर के दरवाजे की देहरी पर बैठी होती थी उसे पकड़ा जाता-उस दिन उसे बहुत दुख हुआ-सूरज के विरह के दुख में यह नन्ही मुन्नी इतना तड़प रही है-रूपा तो अपने आप को समझा लेती-इस नन्हीं जान को कैसे समझाए-क्या होता यदि न मिलती? छोड़ो क्या रक्खा है नौकरियों में।

सैंकड़ों चिट्ठियाँ जिनमें सरी कायनात बन्द थी-हर एक में प्रेम के अलग-अलग प्रतीक-उसका असर जिंदगी के अनेकों चक्रों तक कायम रहेगा। वह एक साथ जीने मरने की कसमें खाते-ताकि यह संसार छोड़ने के बाद भी एक दूसरे का इन्तजार न करना पड़े-क्या इतना प्यार छोड़ कर अलग रहा जा सकता है-1956 की गर्मियों की छुट्टियों के बाद जब गाड़ी में बैठकर वापिस आने लगी, दोनों की आँखों में आँसू, और मुन्नी ने पापा-पापा कहकर रोना शुरू कर दिया-रूपा ने गाड़ी से उतर कर सामान उतरवाया-सूरज को कुछ समझ ना आया-यह क्या हो रहा है? जब गाड़ी चली गई उसे बताया हम कहीं नहीं जा रहे-घर आकर इस्तीफा भेज दिया-छोटा काका तो अभी सात महीने का ही था-उसे तो टांगें चलाकर खाली आ-आ

करना ही आता था उसके लिए गाड़ी पर चढ़ने या उतरने का कोई अर्थ नहीं था।

रूपा और सूरज बच्चों को जितनी भी इस देश में संभव है शिक्षा देना चाहते थे-अपना जीवन सुख से गुजारें बड़े-बड़े ओहदों पर काम करें-अच्छे जीवन साथी मिलें-यह सब तभी संभव था यदि वह उच्च मध्य वर्गीय लोगों के सुख आराम से दूर रहते-किसी किस्म की बुरी आदत न होती-सिगरेट-शराब, कल्ब, पार्टियाँ सबसे दूर रहकर सादा जीवन व्यतीत करते-

सूरज यह भी चाहता था जब भी देश में नई टैक्नोलाँजी आए-वहाँ पहुँचने वाला वह पहला इन्जीनियर हो-जगह-जगह घूमें फिरें; सरहदों को पार करके विदेशों में जाकर नई टैक्नोलाँजी का तजुरबा हासिल करने का शौक, ताकि तरक्की होती रहे और बच्चों को आराम देने के लिए, उच्च शिक्षा देने के लिए साधन जुटा सके-रूपा ने तो हमेशा परिस्थिति से समझौता किया-वह तो भूल ही गई थी-वह जीवन में क्या-क्या प्राप्त कर सकती थी-बस उसका एक ही लक्ष्य था-

जलती थी शमा हो मतवाली,
परवाना देख हुआ मोहित,
चल मैं भी उसके पास चलूँ
देखूँ तो कैसी सुन्दरता-
जो आकर्षक और मदवाली,
जाकर जलते-जलते कहना,
मधुरे! जी चाहता जलूँ और।

सूरज ने तो जिंदगी भर कड़ी मेहनत की थी-पर जब वह कुबेर की नगरी और भारत के आर्थिक केन्द्र बंबई में आया तो देखा यहाँ पर तो बहुत भेदभाव हो रहे हैं, जब उसने प्रोडक्शन बढ़ाने के लिए

एक पुर्जे का आविष्कार किया और एक्सपर्ट कमेटी ने प्रशंसा करते हुए उसे मानपत्र और अवार्ड देने की घोषणा की तो उसे दबा दिया गया और प्रोमोशन किसी खुशामदी को दे दी, तो उसने गुस्से में आकर नई नौकरी ढूँढ ली-जब कंपनी को पता चला कि उसने तो उसी जगह ज्वायन किया है जहाँ से उन्हें आर्थिक सहायता मिलती है तो फटाफट उसका सर्टीफिकेट और 5000 रु० का अवार्ड मनी-पोस्ट कर दिया-

रूपा के साथ सूरज की मुहब्बत-बच्चों के साथ बँटवारा करने पर भी कभी कम नहीं हुई। उसके पास तो मुहब्बत के समुद्र भरे हुए थे-बाटने के बाद तो और भी बढ़ गए थे-रूपा ने उसे हर मोड़ पर सहारा दिया।

गाँव भी जाते रहे-हमेशा-जितना भी संभव था-पैसा भेजते रहे-चाहे शुरू के कई सालों तक उन्हें हर बार घर जाने पर डांट मिलती रही, उन्होंने जाना बन्द नहीं किया-जीप में गाँव आने की बात पुरानी हो गई थी-उसे याद करके अब भी हँसी आती थी-अब तो उसके पास फीएट कार थी-पर गाँव में कोई सुधार नहीं आया था-इतनी दूर से कार में आकर गाँव पहुँचना असंभव था। फिर बच्चों को ऊँट और ट्रैक्टर की सवारी में ज्यादा आनंद आता था-बापूजी भी उन्हें कहानियाँ सुनाते, खेतों में घुमाने ले जाते-गाँव में नहर आ गई थी-उसमें पैर डालकर खेलते।

बच्चे बड़े होकर बहार के पक्षियों की तरह आते और उड़ जाते-बड़े-बड़े पद प्राप्त करके उन्हें फुरसत ही नही थी, उनके बच्चे पब्लिक स्कूलों में पढ़ने लगे-कोठियों में रहना शुरू किया, किन्तु रूपा और सूरज को तेज रफ्तार की जिन्दगी से ज्यादा शान्त वातावरण में अकेले रहना ज्यादा पसंद था-

जिन्दगी पत्रों से ही शुरू हुई और पत्रों से ही खत्म हो गई-आई. सी.यू. के अंतिम दिनों में उसने नर्स को बुलाया और अपनी 55 साल की साथी रही रूपा और बेटे को बुलाया-पत्र में लिखा-

मैं इस जिन्दगी से तंग आ गया हूँ-मुझे मार डालो 'सूरज', मेरे साथी। बहादुर बनो-तुम जल्दी ही ठीक होकर घर आ जाओगे, हम तुम्हें बहुत प्यार करते हैं

रूपा और बच्चे

मुझे कोई उम्मीद नहीं, यह चिट्ठी बच्चों को दिखा दो। –सूरज

टाईम खराब न करो–इस पिंजरे से निकलना बहुत मुश्किल है-सूरज

भगवान हमारे साथ है उनके आर्शीवाद और हमारी प्रार्थना तुम्हारे साथ हैं-कृपा करके हिम्मत करो, खुश रहो–हम आपकी नाकारात्मक सोचों को बर्दाश्त नहीं कर सकते-रूपा

परमात्मा महान् है- सूरज 21/12/2007

हाय-हम किस्मत से लड़ न सके, जीवन की सच्चाइयों को भूल गए-हाथों की लकीरों को पढ़ न सके बेदर्द किस्मत ने बरसों से इकट्ठे किए हुए सपने तबाह और बर्बाद कर दिए

परमात्मा महान है कि नहीं

रूपा-सोचना नहीं चाहती, उसके चारों ओर शून्य है–

अनन्त-विशाल-शून्य

25/12/2007